ジョルダーノ・ブルーノ著作集
Le opere scelte di Giordano Bruno

4

無限・宇宙・諸世界について
De l'infinito, universo e mondi

加藤守通 訳
Traduzione giapponese di Morimichi Kato

東信堂

Centro Internazionale di Studi Telesiani Bruniani
e Campanelliani

Giordano Bruno
De l'infinito, universo e mondi

introduzione, traduzione e note
di Morimichi Kato
dal testo critico di
Giovanni Aquilecchia
edizione Les Belles Lettres

TOKYO - Toshindo - 2024

目次／無限・宇宙・諸世界について——ジョルダーノ・ブルーノ著作集④

序としての書簡 …… 3
第一対話の議論 …… 5
第二対話の議論 …… 13
第三対話の議論 …… 14
第四対話の議論 …… 18
第五対話の議論 …… 20
第一対話 …… 33
第二対話 …… 61
第三対話 …… 97
第四対話 …… 133
第五対話 …… 159
訳注 …… 203
解説 …… 211

訳者注

この翻訳において〈　〉は原文がラテン語の箇所を、〔　〕は訳者の補足を示す。

Le opere scelte di Giordano Bruno

Vol. 4: De l'infinito, universo e mondi

Traduzione giapponese di Morimichi Kato

Casa Editrice Toshindo

ジョルダーノ・ブルーノ著作集❹

無限・宇宙・諸世界について

加藤守通＝訳

東信堂＝刊

序としての書簡

モーヴィシエール、コンクレソール、そしてジョンヴィーユの領主
類稀なるキリスト教王の叙任騎士
枢密院の顧問
五十人部隊の隊長
イギリスの清浄なる女王への大使である
栄光あるミシェル・ド・カステルノー殿(1)に捧げる

栄光ある騎士殿、もしもわたしが耕作をし、羊を飼い、果樹園を耕し、衣服を繕うならば、誰もわたしに目をとめず、少数の人たちだけがわたしを観察し、わたしはごく稀な人たちから非難され、たやすく万人の気に入ることができるでしょう。しかし、わたしは自然の領域を記述し、魂の本性に気遣い、才能の陶冶に熱中し、知性の衣服を織るのに巧みなのです。それゆえに、一人でも、少数でも、多数でもなく、万人が、わたしを見れば脅

迫し、わたしを観察しては攻撃し、わたしに出会えば噛みつき、わたしを捉えれば呑み込もうとするのです。その理由をお知りになりたいならば、お話ししましょう。それは、わたしの気に入らない大学であり、わたしが憎む俗衆であり、わたしを満足させない大衆であり、わたしが愛する一つのものなのです。この一つのものゆえに、わたしは隷属の中でも自由であり、苦痛の中でも満足し、窮乏の中でも富み、死の中でも生きているのです。この一つのもののおかげで、わたしは、自由でありながら奴隷である者たちを羨みません。快楽の中で苦しむ者たちを羨みません。富の中で貧乏な者たちを羨みません。生きながら死んでいる者たちを羨みません。なぜならば、彼らは、体の中に彼らを縛る鎖を持ち、精神の中に彼らを押しつぶす地獄を持ち、魂の中に彼らを病ませる誤謬を持ち、心の中に彼らを殺す倦怠感を持つからです。彼らには、彼らを解放する度量もなく、彼らを高みへと導く忍耐力もなく、彼らに光を与える輝きもなく、彼らに生命力を与える学問もないのです。ですから、わたしは、難儀な道から疲労困憊のあまり遠ざからず、目の前の課題を怠惰にも放棄せず、出会った敵に絶望のあまり背を向けず、神的対象から眩しさのあまり目をそらしません。その間、わたしは、ほとんどの人によって、ソフィストとみなされ、正直であるよりも繊細な理論家と見えることを好む輩、古の真の教団を肯定する代わりに新しい偽りのセクトを生み出すことに熱心な野心家、誤謬の闇を差し出すことで栄光を求める鳥刺し、良き学芸の建物を崩壊させる悪意に満ちた精神、邪悪な機構の創設者と思われているのです。ですから、閣下よ、聖なる神霊がわたしのすべての迫害者を追い払ってくれますように。わたしの神が常にわたしに好意的でありますように。われわれの世界のすべての統治者がわたしをご贔屓くださいますように。星々がわたしの種に適した土地を与え、わたしの仕事の有益で栄誉ある成果が――精神を目覚めさせ、光を持たない人たちの心を開くことで――世界に現れますように。わたしはけっして嘘をついたりせず、間違いをそれと知りつつ犯すことなく、話したり書いたりする際には勝利への愛によって論争するのではありません。（というのも、あらゆる名声と勝利は、真理がないところでは、神に敵対し、とても卑しく、名誉を一切持たないものであると、わたしは考えているからです。）そうではなくて、わたしが身を粉にして尽力するのは、真の知への愛と真の観想への努力ゆえになのです。このことは、論証的な議論によって明らかにされるでしょう。この議論は、生き生きとした理論に依拠し、統制された考えに由来し、偽らざる形質(2)によって形を与えられています。これらの形質は、自然の諸々の基体から真正なる使者として飛び立ち、それらを探す者たちに姿を現し、それらを見つめる者たちに開示され、それらを学ぶ者たちに明白になり、それらを理解する者たちに確かなものになるのです。それでは、無限宇宙と無数の世界についてのわたしの思索をお示ししましょう。

第一対話の議論

第一対話の内容は以下のとおりです。第一に、感覚が確実性の原理でないことが、感覚の不安定さから示されます。確実性は、一つの感覚可能なものを別の感覚可能なものと、一つの感覚を別の感覚と比較し、付き合わせることから生じます。そして、異なった基体において真理がいかにしてあるのかが推論されます。

第二に、宇宙の無限の証明が始まります。最初の議論は、空想を使って壁をでっち上げようとする人たちがいるからといって、世界が有限になるわけではないということです。

第三に、世界が有限であり、自らの内にある、と言うのは、不都合です。なぜならば、第二の議論が示したように、自らの内にあるということは、唯一の無窮なるものにのみ当てはまるからです。加えて、第三の議論は、世界がいかなる場所にも存在しないと想像するのは不適切で不可能であるということからも立証されます。なぜならば、その場合、世界は、あらゆる点で、存在しないということになるからです。というのも、あらゆるものは、物体的であれ非物体的であれ、物体的ないし非物体的なしかたで場所の中にあるからです。

第四の議論は、エピクロス学派がなした差し迫った証明ないし疑問に基づくものです。

さらに、また存在する全空間が有限であると
考えてみよう。もし誰かが宇宙の
最端まで走り、最端に立って空とぶ槍を投げるとすれば、
その槍は たくましい力にひねられてとび、
投げられた方に向かって遠く遥かにとんでゆくと思うか
それともそれを邪魔し、妨げうるものが何かあると思うか？
（…）

なぜなら、その槍が、投げられた目標にとんで行きそこに至りつくのを
妨げるものが何かあるとしても、あるいはその外へ
とび出して行くにしても、限界から出たことにはならないのだから(3)。

第五に、アリストテレスによる場所の定義は、第一にして最大の、共通の場所に相応しくありません。また、「含まれているもののすぐそばにあり、いかなる介在も許さない表面」や、場所を自然学ではなく数学の対象とする、その他の軽薄な考えは、検討に値しません。加えて、含むものの表面と、その中で動く含まれるものの間には、常に空間が必要であり、そこには場所があるのが相応しいのです。そして、もしも空間には一つしか表面がないことを望むならば、有限な場所を無限に探し続けることが必要になるでしょう。

第六に、もしもその中に何もないものを空虚とするならば、有限な世界を措定することによって、空虚を回避することはできないでしょう。

第七に、この世界を含むこの空間は、もしもこの世界がそこにないならば、空虚とみなされることになります。したがって、この世界がない場所は、空虚とみなされるのです。それゆえに、世界のまわりにおいて、この空間とあの空間の区別はありません。ですから、この空間が持つ適性(attitudine)は、あの空間も持つことになります。したがって、それ〔空間〕は活動を持ちます。なぜならば、いかなる適性も活動なしでは永遠でないからです。それゆえに、それには永遠に活動が結合されているのです。それどころか、適性自体が活動なのです。なぜなら

ば、永遠なるものにおいては、存在と存在可能は異ならないからです。

第八に、いかなる感覚も無限を否定しません。というのも、感覚で把握できないからといって、無限を否定することはできないからです。むしろ、感覚が無限によって包まれており、理性が無限を確証する以上、われわれは無限を措定しなければならないのです。それどころか、よく考えれば、感覚は無限を措定します。なぜならば、われわれは常に、あるものが別のものによって包まれているのを見ているからです。あるものが別のものや同類のものによって包まれていないということは、外的な感覚によっても内的な感覚によっても、けっして感覚されないのです。

さいごにわたしたちの目の前で、物が物をかぎっているのが見られる。
空気は丘をかぎり、山々は空気をかぎり、
陸は海を、逆に海は陸全体とさかいしている、
しかしながらすべての物を外からかぎるようなものは何一つ存在しない。
(…)
それほど大量の物が限界もなく
あらゆる方向にひろがっているのである(4)。

したがって、われわれが見ていることからも、無限を擁護する必要が生じます。というのも、別のものによって境界づけられていないものにわれわれは出くわすことがなく、自らにおいて境界づけられているものを経験することはないからです。

第九に、頑迷な人たちしか、言葉の上で無限の空間を否定することはできません。そこに世界が存在しない、空虚と呼ばれる、あるいは空虚としてでっち上げられる、残りの空間にも、われわれの空間の適正に劣らない適性があると考えられるからです。

第十に、この世界が存在することが善であるように、無数の他の世界のそれぞれが存在することもそれに劣らず善なのです。

第十一に、わたしの存在が別の人の存在と共有できないように、この世界の善は、存在可能な他の世界と共有できません。

第十二に、一つの分割不可能で単純で包含的な無限〔神のこと〕を措定できるように、物体的で展開的な無限〔宇宙のこと〕を認めない理性も感覚も存在しません。

第十三に、われわれにとってかくも大きく見える世界のこの空間は、無限と比べた場合、部分でも全体でもありません。それは、無限の働きの対象ではありえません。われわれの無能な知性によって理解できるものは、無限の働きにとっては、存在しないかの如きなのです。そして、ある反論に対して以下の答えが提示されます。すなわち、われわれが無限を措定するのは、空間の尊厳ゆえにでなく、自然の尊厳ゆえになのです。なぜならば、この世界が存在するのは、自然の尊厳ゆえにであり、存在可能な他のすべての世界についても同様です。自然の力はこの世界が存在することによって現実化されているのではありません。それはちょうど、エルピーノであることの可能性がフラカストリオの存在によって現実化されないようなものです。

第十四に、もしも能動的で無限の能力が物体的で三次元的な存在を現実化するならば、この存在は必然的に無限でなければなりません。そうでなければ、作り出すことができるものと作られることができるものの自然本性と尊厳に抵触することになります。

第十五に、通俗的に理解された宇宙を前提とした場合、それがすべてのものの完成を含むのは、わたしがわたしのすべての四肢の完成を含み、それぞれの天圏がその中にあるすべてを含むのと変わらなくなってしまいます。要するに、自らが持つものが欠けていない人は、誰もが金持ちであるのです。

第十六に、無限の作用者は結果なしにはあらゆるしかたで不完全です。そして、このような結果だけがこの作用者であることを、われわれは理解できません。このことに加えて、このような結果が仮定や現実において存在する場合、このことは、真の結果において存在すべきものから何一つ取り去ることはありません。このことに関して、神学者たちは、内在的な活動のほかに、〈外部への〉超越的な活動を命名しています。このようにして、どちらも無限であることが相応しいのです(5)。

第十七に、われわれの流儀で世界には境界がないと言うことは、知性の静謐をもたらします。その反対からは、無数の困難と不都合が常にもたらされます。さらに、二番目と三番目に言われたことが繰り返されます。

第十八に、世界が球体であるとしたら、それは形を持ち、限定されています。そして、この限定されて形を持つものの向こうにある限界は(それを無と呼ぶことをお望みだとしても)、その凹面がこの世界の凸面と結合しているという意味で、やはり形を持っているのです。なぜならば、あなたが言う「無」が始まるところには、この世界の凸状の表面と少なくとも無差別ではない凹面だからです。

第十九は、二番目に言われたことへの補足です。

第二十は、十番目に言われたことの繰り返しです。

この対話の第二の部分では、宇宙の受動的な能力によって証明されたことが、作用者の能動的な能力によって、より多くの理由とともに、論証されます。その第一の理由は、神的な作用は怠惰であるべきでないということから得られます。このことは、作用者が自らの実体の外部に(外部に何かがあるとして)作用する場合により多く当てはまります。この場合、有限な結果を生産することは、何も生産しないことに劣らず、怠惰で嫉妬深いことになります。

第二の理由は、実践的な理由に基づいています。というのも、反対の立場を取れば、神的な善性と偉大が損なわれますが、われわれの立場からは神学のいかなる法と根幹に対しても不都合は報じないからです。

第三の理由は、第一部の十二番目の理由に対応します。そして、無限な全体と全体的に無限なものとの相違が説明されます。

第四に、有限な世界を作り、有限な基体に関する無限の行為者である場合、全能は、能力の欠如以上に意志の欠如ゆえに、非難されることになります。

第五に、以下の推論がなされます。すなわち、もしも全能が無限なる世界を作らないならば、そうすることができないのである。そして、もしもそれが世界を無限なものとして作ることができないならば、それを無限に維持する力を持たないことになる。そして、もしも彼が一つの理由によって有限であるならば、すべての理由において有限であることになる。なぜならば、彼においてはあらゆる様態が〔現実に存在する〕物であり、あらゆる物と様態は、他の物と様態と同一だからである。

第六の理由は、第一部の十番目の理由に対応します。そこでは、神学者たちが反対の立場を御都合主義的な理由で擁護する原因が述べられます。そして、博学な神学者たちと博学な哲学者たちの友情について論じられます。

第七に、能動的能力が様々な活動から区別される理由が提示され、その問題が解消されます。加えて、神学者たちが今までしてきたよりもより高次なしかたで、無限の能力が、内向的および外延的側面において示されます。

第八に、無限の諸世界の運動は外的な動者によるものではなく、自らの魂によるものであることが示されます。そして、どのようにして、これらすべてを認めたうえで、無限の動者があるのかが明らかにされます。

第九に、無限の内向的な運動がいかにして諸世界の各々において確証されるかが示されます。それに加えて、動体は動くとともに動かされているので、円のあらゆる点が自らの中心をなすことが理解できます。このことに関する反論の解決は、別の機会に、もっと時間を割いてわれわれの教説を論じるときになされるでしょう。

第二対話の議論

第二対話は同じ結論に従います。そこでは第一に以下の四つの理論が提示されます。一）神性のすべての属性は、それらの各々の属性と同じ特質を持つ。二）われわれの想像の範囲は神的活動を越えてはならない。三）知性と神的活動は無差別である。このことは、無限なものにも有限なものにも当てはまる。四）もしも物体的な性質（われわれにとって感覚可能な性質）が無限の能動的能力を持つならば、絶対的な能動的および受動的能力は全体においてはどうなるのか。

第二に、物体的なものは非物体的なものによって限定されえず、空虚か充満によって限定されることが示されます。あらゆる点において、世界の外には空間が存在し、それは結局のところ、質料にして受動的能力自体なのです。そして、そこでは、物惜しみをせず、怠惰でもない、能動的能力は現実化されなければならないのです。そして、諸次元の共存不可能性（imcompossibilita delle dimensioni）に関するアリストテレスの議論(6)の空虚さが示されるのです。

第三に、世界と宇宙の間の相違が教えられます。なぜならば、宇宙を「無限の一者」と呼ぶ者は、これら二つの名称を必然的に区別しているからです。

第四に、宇宙を有限とみなす反対意見が提示されます。エルピーノがアリストテレスの諸説を取り上げ、フィロテオがそれらを吟味するのです。これらの諸説の一部は単純な物体の性質から、別の一部は複合的な物体の性質から得られたものです。そして、六つの議論の虚しさが示されます。これらの議論の一部は、無限へと向かうことができない、運動の定義から取られています。他の議論は、思想も根拠も欠いた、似たような説から取られています。これらを明らかにするわれわれの理論は、運動の差異と限界の理由をより自然に則ったしかたで示すことになるのです。そして、われわれの理論は、機会と場所に関する、軽重の衝動のより現実的な認識を提起することになるでしょう。というのも、無限の物体は重くも軽くもないこと、そして有限な物体はいかにしてそのような差異を有し、いかにして有さないのかが示されるからです。ここから、アリストテレスの議論の虚しさが明らかになります。彼は、無限の世界を措定する人たちに対する論難の中で、中央と周辺を仮定し、有限な世界においてであれ、無限な世界においてであれ、地球が中心を占めると主張しているのです。結論としては、この哲学者が宇宙の無限性を破壊するために、『天界について』第一巻や『自然学講義』第三巻にて言葉足らずのしかたで論じた考えは、箸にも棒にもかからないのです。

第三対話の議論

第三対話においては、第一に、諸天の形や天圏や多様性に関する例の卑しい空想が否定されます。そして、宇宙は一つであることが肯定されます。宇宙は、無限の諸世界を含む全般的な空間なのです。もっとも、われわれが複数の、それどころか無数の天を否定するわけではありません。そのためには、この言葉を別の意味で捉えさえすればよいからです。つまり、この地球がその中で動き、それを通って移動する、自らの天を持つように、その他無数の天体の各々が自らの天を持つというわけです。そして、二つの外側の表面と内側の窪みを持つこのような数多くの導円（mobili deferenti）がどういうわけで想像されたかが示されます。そして、それらを処方し実行する者たちとそれらを飲み込む哀れな人たちに吐き気と恐怖を催させる処方箋と薬が明らかにされます。

第二に、偏心的と呼ばれている運動や天と呼ばれているものに関わる運動全般は、すべて空想の所産です。それは、実際には、地球が自らの中心とともに黄道に対して行う運動と自らの塊の中心を回って行う他の四つの異なった運動に依拠しているのです。それゆえに、各々の星の固有の運動は、それが基体として広大な領域を自力で動く際の運動において確証される差異に由来するのです。この考察がわれわれに示すのは、無限の動体と運動に関するすべての理論は虚しいものであり、このわれわれの天圏に関する無知に基づいているということです。

第三に、星はどれも、この地球のように動きます。あるいは、われわれの近くにあるがゆえに、それらの運動の場所的差異が感覚的に知られている、他の星々のように動きます。しかし、火が支配的な物体である諸々の太陽は、水が支配的である諸々の地球とは異なったしかたで動くのです。それゆえに、星々が拡散する光がどこから生じるかがわかります。それらの一部は、自らの力で光り、他は他のものを通じて光るのです。

第四に、どのようにして太陽からもっとも遠い物体が、太陽にもっとも近い物体と同じように熱を分かち持つのかが論じられます。そして、無限の宇宙において一つの太陽で十分であるという、エピクロスに帰せられる考えが非難されます。そして、輝く天体とそうでない天体の真の相違が言及されます。

第五に、諸世界の質料とは何か、そこに住むことができるのか、そして光の理由についてのクザーヌスの考えが吟味されます。

第六に、物体のうちのいくつかはそれ自体によって輝き、熱を持つのですが、だからといって太陽が太陽に輝き、地球が同じ地球に、水が同じ水に輝くわけではありません。そうではなくて、光は常に反対の天体から発せられます。たとえば、われわれは、山のような高所から、海全体が光るのを感覚的に見ることができます。そして、われわれが海の中の同じ場所にとどまる限り、その輝きを見ることはできません。もっとも、少し距離を置いて、太陽と月の光がわれわれの反対側にあるときは別ですが。

第七に、第五元素の虚しさについて議論がなされます。そして、すべての感覚可能な物体は、われわれが知る四元素とは別のものではなく、別のものから構成されてもいないことが説明されます。そしてそれらが、直線的にせよ、円を描くにせよ、別のしかたで動くわけではないことも説明されます。ブルキオが分かるようにとフラカストリオが話す時には、常識に合わせた理論が展開されるのです。そして、ここにありながら、あそこでは想定されないものは何一つなく、ここからあそこに見えるものは、(よく考えるならば)あそこからもここに見えることが明らかになります。結果として、自然の階梯という例の美しい秩序は、耄碌した老婆の夢物語でしかないのです。

第八に、諸元素の区別が正しいとはいえ、通俗的に想定されている諸元素の秩序は、感覚的にも知性的にも受け入れ難いものです。アリストテレス自身にとっても、四元素は、同じように、この地球の部分であり主たる構成要素なのです。もっとも、水の部分が超過していると言うことはできるかもしれません。それゆえに、天体は、正当にも、真の自然哲学者や神的な預言者や詩人によって水や火と呼ばれているのです。彼らは、この点については、寓話や隠喩を語っているわけではなく、他のソフィストたちに幼稚な寓話を委ねているのです。このようにして、諸世界は、これらの異質な物体、これらの動物、これらの巨大な地球として理解されます。そこでは、土が他の元素よりも重くはありません。そして、すべての小部分が動き、場所と状態を変えるのは、われわれや他の小動物において、血液やその他の体液や精気や微細な部分が流れ、逆流し、流入し、流出するようなものなのです。この点に関して、比較が導入されます。そして、それによって、土は、自らの塊の中心への衝動によって、このような合成に参加している他の物体よりも重いわけではないことが分かります。そして、土は自らによっては重くなく、上昇も下降もしないこと、そして水が統一と濃度と厚みと重さをなすことが分かるのです。

第九に、諸元素の有名な秩序が虚しいものであることがわかった上で、（多くの動物や世界と同じく、空気や天や空虚と呼ばれる広大な領域の中にある）感覚可能で複合的なこれらの物体について推論がなされます。そこに存在する諸世界に含まれている動物と住民の数は、この世界が含む動物と住民の数よりも少ないわけではありません。また、それらは、より少ない力や別の本性を持っているのではありません。

第十に、頑迷な狂信者で自らの悪しき心情に無知な者たちがどのように議論するかを見た後に、彼らが多くの場合どのようなしかたで論争を終えるのかが明らかにされます。もっとも、彼らのうちの何人かは、たいそう用心深く、一歩たりとも譲ることなしに、冷笑や含み笑いやある種の謙虚な悪意とともに、自分たちが理屈で証明も説明できないことがある場合、礼儀正しい軽蔑を巧妙に使って、あらゆる点で明らかな無知を隠すだけではなく、それを論敵の背に投げつけようとするのです。なぜならば、彼らは真理を見つけ、探究するためにではなく、勝利のために、議論に参加しているからです。彼らは、より博識で、反対意見のより強力な擁護者として映ることを望んでいるのです。この種の人たちからは、忍耐の厚い鎧に覆われていない者は、逃げ出さなければならないのです。

第四対話の議論

次の対話では、第一に、別の機会に言われたことが繰り返されます。すなわち、世界はどのようにして無数なのか、それらの各々はどのように動くのか、そしてどのように形作られているのか、についてです。第二に、第一対話にて無窮の力と能力から無窮の結果が多くの理由で結論づけられ、第二対話にて宇宙の無限の体積と大きさに反対する理論が反駁され、第三対話にて世界の無数の数が結論づけられたのですが、今や、この見解に反対するアリストテレスの多くの理論が反駁されます。もっとも、「世界」という言葉は、アリストテレスにおいては、デモクリトスやエピクロスやその他の人たちの場合とは別の意味を持っています。

アリストテレスは、彼自身が作った、自然の運動と強制的な運動に関する理論から、一つの地球が別の地球へと動くと考えました。この理論の拘束から逃れるために、第一に、自然哲学の真の原理を理解するための重要な基盤が設定されます。第二に、一つの地球の表面がどれほど別の地球の表面に接触していようとも、一つの地球の諸部分が別の地球へと動くことはないことが明らかにされます。この場合、諸部分とは、アトムや単純な物体のことではなく、異質で似ていないものどもから成り立っています。ここから重さと軽さについてよりよく考察するための教訓が引き出されます。第三に、いかなる理由で、これらの巨大な物体は自然によって互いに大きく距離を置き、一方から他方へと進むことができるほどには接近していないのかが明らかにされます。それゆえに、深く洞察する者は、なぜ諸世界はエーテルの周辺や（その中には能力も力も作用もない）空虚の近くにないのかが分かるのです。というのも、そのようなことが起きたならば、諸世界は一つの側から生命と光を得ることができなくなるからです。第四に、いかにして場所的距離は物体の性質を変え、いかにして変えないかが明らかにされます。そして、いかなる理由で、二つの地球から等距離の場所に石が置かれた場合、それが静止するのか、あるいはどちらか一方へ動くことを決めるのかが明らかにされます。第五に、どれほど離れていようが諸物体の間には重さと軽さの衝動があるとした、アリストテレスの大きな誤謬が明らかにされます。そして、諸物には（いかに卑しい物にでも）現在の存在を維持しようという欲求があることが示されます。この欲求が逃亡と追求の原因なのです。第六に、直線運動は、地球やその他の主要な天体には相応しくなく、自然でもありえません。それが相応しいのは、これらの部分に関してであって、それらは、どこであれ、たいそう距離が離れていない限り、本体へと動くのです。第七に、重いものは、いかに離れていても、それを包むものへの衝動と運動を持っている、という考えは真でないことが、流星を例にして論じられます。この間違った理論の起源は、真の自然学的原理ではなく、蒸気や大地からの蒸発といった部分を前提としたアリストテレス哲学にあるのです。第八に、別の議論に関して、どのようにして他の無数の世界においても同じ種に属する単純な物体が同じように動くのかが明らかにされます。そして、どのようにして数的な差異が場所的差異を前提とするのか、そしてどのようにして各々の部分が自らの中央を持ち、万物の中央であるかのようにそれに関係する（もっともそれは宇宙の中央ではありません）のかが示されます。第九に、諸物体とそれらの諸部分は、（それらが維持される場所に相違がある以外には）決められた上下を持たないことが結論づけられます。第十に、運動が無限であり、運動するものが無限と無数の複合へと向かうとしても、だからといって無限の速さを持つ重さと軽さがあるわけではありません。そして、近接する部分の運動は、自らの存在に従う限りは、無限ではありえません。自らを包むものへの部分の衝動は、包むものの領域内部に限定されるのです。

第五対話の議論

第五対話の冒頭にて、豊かな才能に恵まれた人が登場します。彼は、対立する教説によって養われてきたとはいえ、自らが見聞きしたことについて判断する能力を持っているので、異なった教説を判別し、考えをたやすく修正することができます。そして、アリストテレスを自然の奇跡とみなす人たちがどういう人たちなのかが論じられます。彼らは、理解が拙劣で、低級な才能しか持たないので、アリストテレスを称揚するのです。ですから、われわれはこのような人たちを我慢し、彼らとの勝ち目のない議論を避けなければならないのです。

ここで、新たな対話者であるアルベルティーノは、十三の議論を持ち出します。これらの議論の中には、世界の複数性と多数性に反対するすべての論説が含まれています。第一の議論は、世界の外には場所も、時間も、空虚も、単純な物体も、複合的な物体も考えられない、という主張についてです。第二の議論は、動かすものの単一性についてです。第三の議論は、運動する物体の場所についてです。第四の議論は、周辺と中央との距離についてです。第五の議論は、複数の球形の世界の接触についてです。第六の議論は、接触の結果生じる三角形の空間についてです。第七の議論は、現実態における無限は存在しないこと、及びに数を決めることは理性的根拠を欠くということについてです。この考察から、数は決められているだけでなく、無限であるということを、われわれは(反対論と同等のみならず、われわれにとって有利なしかたで)推論することができるのです。(…)[7] 第九の議論は、自然的事物の規定について、及びに神的な実行力と能動的能力に対応しない、諸物の受動的能力についてです。しかし、ここで考えなければならないのは、第一の最高の存在者が、キタラを弾く能力を持つが、キタラがないために、キタラを弾くことができない者に似ているとすることは、不都合極まりないことであるということです。同様に、作る能力を持つ人が、作ることができるものが彼によって作られえないがゆえに、作らない、というのも不都合極まりないことです。それが明らかな矛盾であるということは、まったくの無知蒙昧な者でない限り、誰もが知りうることなのです。第十の議論は、会話に存する市民的な善についてです。第十一の議論は、一つの世界が別の世界と接触していることから、一方の動きが他方の動きを妨害することが生じるというものです。(…)[8]第十三の議論は、この世界が完成され、完全であるならば、別の世界や諸世界がそれに加えられる必要はないというものです。

これらが例の疑問であり主題なのです。これらの解決には偉大な教えが必要になるのですが、この教えだけが、通俗哲学の内部に根付いている誤謬と、われわれの哲学の豊かな内実を解明するに足るのです。ここで明らかにされる理によって、われわれは、何かあるものが流れ去り、特定の何かが消滅し、本当に無になり、空虚の中に溶け去り、虚無の中に解体されるのを、恐れる必要がなくなるのです。ここには、万物の有為転変の理があります。それによって、逃れられない悪はなく、出会えない善もありません。無限の領域を通過しても、永遠の変化を経ても、すべての実体は一にして同一なものであり続けるのです。この観想のお陰で(もしもわれわれが注意深くあるならば)いかなる見知らぬ出来事も悲しみと恐怖によってわれわれを押しつぶすことはなくなるでしょう。いかなる幸運も快楽と希望によってわれわれを舞い上がらせることはなくなるでしょう。われわれはそこから、真の道徳への真の道を見出し、度量が大きくなり、子供じみた空想が想い描くことを軽蔑するようになるでしょう。こうして、われわれは、盲目の俗衆が敬う神々よりも偉大になることでしょう。なぜならば、われわれは、われわれ自身の中に書かれた、自然の歴史の真の観想者になり、われわれの心の中心に刻まれた神的法の統制の取れた実行者になるからです。われわれは、ここから天へと飛ぶことは、天からここへ飛ぶことと違わず、あそこからここへ上ることは、ここからあそこへ上ることと変わらず、一方から降りるのも他方から降りるのと変わらないことを知るでしょう。われわれはもはやそれらの周辺にあるのではなく、それらももはやわれわれの周辺にありません。それらがわれわれの中心にあるのでも、われわれがそれらの中心にあるのでもありません。それらと同じように、われわれも星々の上を歩き、天に包まれているのです。

したがって、われわれは、嫉妬から遠ざかり、われわれの足元にある多くの善を遠くに求める、空虚な不安と愚かな配慮から解放されるのです。そして、他の天体がわれわれの上に落ちてくるという恐怖からも、われわれが他の天体の上に落ちるという希望からも、同様に解放されています。なぜならば、無限の空気は、その他の地球を支えているように、われわれの地球を支えており、この動物が自由に自らの空間を駆け巡り、自らの領域を得るように、これらの天体の各々が自らの空間を駆け巡っているのです。このことを考察し理解すれば、われわれはさらに多くを考察し理解することができるでしょう。したがって、この学問を通じて、われわれは、他の人たちが虚しく求めているあの善をきっと獲得することができるでしょう。

この哲学こそが、感覚を開き、精神を満足させ、知性を偉大なものにし、人間に(複合体としての人間が持つことができる)真の至福を与えるのです。というのも、この哲学は、快楽の入念な配慮と苦痛の盲目の感覚から人間を解放するからです。それは、人間に現在の存在を享受させ、未来への恐怖と希望から自由にするのです。というのも、われわれの特殊な存在の有為転変を統御する摂理や運命や運が望むように、未来に関するわれわれの知と無知はあざなえる縄の如きものだからです。ですから、われわれは、あるものを初めて見、あることに初めて遭遇するときには、どうしても疑いや当惑を免れないのです。しかし、われわれがその中では不可変であるところの、存在と実体を、より深く考察するならば、われわれ自身にとってだけでなく、いかなる実体にとっても、死が存在しないことがわかるでしょう。実体として減少するものは何一つとしてなく、万物が無限の空間を駆け巡りながら相貌を変えていくのです。そして、すべてのものは最善の作用因に従属しているので、われわれが信じ、考え、希望すべきことは、万物は善から出ている以上、万物は善であり、善を通じて、善へと向かう、つまり善さから出て、善さを通って、善さへと向かうということです。これと反対の見解を持つ者は、目の前のものしか知覚しません。それはちょうど、建造物の美が、岩やセメントや真ん中の壁のような最小の部分しか見ない者には明らかにならないようなものです。それに対して、全体を見ることができ、部分を互いに比較する能力がある人には、建造物の美はもっとも明らかになるのです。この世界に蓄積されたものが、何らかのさまよう霊の衝撃や雷鳴を司どるユピテルの怒りによって、墳墓と化した世界の天圏の外に散逸したり、この星々のマントの外へと爆発によって埃のように流出したりすることを、われわれは恐れません。また、泡の窪みの中に凝縮された空気がわれわれには破裂するように見えるように、事物の本性が実体において虚無になることを、恐れません。なぜならば、われわれが知る世界の中では、事物は常に事物に続くからです。まるで職人の手によるかのように諸物を無へと流し出す、最後の深淵は、そこには存在しないのです。また、われわれから諸物の無限の豊富さを奪い去る、終わりや境界や縁や壁は存在しません。それゆえに、大地とその海は豊穣であり、太陽の熱は永遠であり、貪欲な火に餌を、水量を減らす海には蒸気を常に供給しているのです。なぜならば、無限者から新たな大量の質料が常に生まれるからです。ですから、すべてが無限に更新されると考えたデモクリトスとエピクロスの考えは、宇宙の実体を永遠に保持するために、質料の数と部分に変わりがないと強弁した人たちの考えに優っているのです。天文学者とその従者である自然学者の先生方よ、空想によって描かれた九つの運動する天圏によって、あなた方は脳を閉じ込めたのですが、それはまるで多くのオウムが籠に閉じ込められて、その中であちこち飛び回るようなものなのです。これほど偉大な支配者が、こんなに狭い椅子や、こんなに惨めな王座や、こんなに狭い法廷や、こんなに人が少ない宮廷や、こんなに小さく惨めな肖像を持つわけがないでしょう。それは、幻影が生み出し、夢が破裂させ、狂気が補修し、妄想が消滅させ、災いが減少させ、悪行が取り去り、思考が作り出したものなのです。それは、息を吹きかければ満たされ、吸えばからになるものなのです。われわれが知っているのは、偉大な肖像、感嘆すべき似姿、卓越した姿、高貴な痕跡、無限なる原型の無限なる表象、理解も把握もされえないものの卓越性に相応しい見物なのです。このようにして、神の卓越性が賞賛され、神の帝国の偉大さが称揚されます。一つの太陽ではなく、無数の太陽において、一つの地球や世界ではなく、数十万どころか無数の世界において、栄誉を讃えられるのです。結果として、空間に空間を、塊に塊を、一性に一性を、数に数を加えようと欲し、それができる、知性のこの能力は無益なものではありません。この学問は、狭隘なる一者の鎖からわれわれを解放し、尊厳ある帝国の自由へとわれわれを促します。そして、頑迷な貧困と不安からわれわれを救い出し、美を尽くしたこれほど多くの世界を含む、尊厳ある領域の広大な空間における無数の富へと導くのです。そして、この学問は、地上の目の錯覚と空想から生じた、広大なエーテルの中にある円形の周辺が、われわれの精神をプルートーやユピテルの監視のもとに置くことを許さないのです。裕福な所有者のふりをしながら、実際にはしみったれの吝嗇漢への配慮から、われわれは解放されたのです。豊穣ですべてを生み出すと称しながらも、実際には惨めな結果しか算出しない自然から自由になったのです。

これらの樹木から収穫される栄誉ある果実は、他にもたくさんあります。まかれた種から収穫できる貴重で望ましい作物も、他にもあります。われわれの敵対者たちの盲目の嫉妬を煩わせないために、それらには言及しないことにします。そして、理解と判断ができる人たちの判断に、それらを委ねることにします。彼らは自分たちの力で、これらの基盤の上にわれわれの哲学の建物全体をたやすく加えることができるでしょう。われわれを統治し動かす者のお気に召し、すでに始められた企画が中断されなければ、われわれは、この建物の主要な部分に、宿願の完成をもたらすことができるでしょう。そうすれば、対話篇『原因・原理・一者について』において種をまかれ、この『無限・宇宙・諸世界について』において誕生したものは、他の著作を通じて、芽吹き、成長し、熟成し、稀な収穫によって差し出され、可能な限り喜びを与えることでしょう。その間、毒麦や毒草が取り除かれて、われわれの文化の土壌が生み出すことができるより良き穀物によって、われわれは、才能ある学者たちの倉庫を満たすことにしましょう。

その間、(推薦の必要はないと確信しておりますが) わたしは、感謝の印として、ある人をあなたに紹介しようと思います。この人をあなたが必要とする下僕の一人と見做さないでください。むしろ、これから述べる多くの理由ゆえに、あなたを必要とする人間として見てください。あなたのまわりに多くの世話係がいるという点では、あなたは民間人や両替人や商人と変わりません。しかし、あなたによって推薦され、擁護され、助けられるに相応しい人間を持つ点では、あなたは（常にそうであったように）度量の大きな君主や英雄や神々に似つかわしいのです。彼らは、彼らの友人を擁護するように、あなたのような人たちを任命したのですから。あなたに思い起こさせる必要はないのですが、あなたが最終的に世間に評価され、神に感謝されるのは、地上の偉大な君主たちから愛され、尊敬されることによってなのです。そして、このことは、あなたが彼らに同類の人間を愛し、擁護し、守ることによって生じるのです。なぜならば、運良くあなたより上の位にいる人たちは、あなたに対して何もできないからです。あなたは、彼らの多くを徳によって凌駕しており、それはあなたの壁や絨毯よりも持続するのです。あなたが他人のためになすことは、永遠の書（それが地上におけるものであれ、天にあると信じられているものであれ）の中にたやすく書かれることになるでしょう。実際、あなたが他人から受けるものはすべて、他人の徳を証言するように、あなたが他人のためにすることはすべて、あなたの徳の明確な目印なのです。

お元気で。

わたしの孤独な雀よ。おまえが
気高い思想を向けるあの領域に
無限が聳える。おまえの熱意と
技芸はこの対象にふさわしくなければならない。

そこで生まれ変わるのだ。おまえの美しい雛たちを
そこで育てるのだ。今や残酷な運命は、
おまえの企てを妨げる
すべての道程を巡り終えたのだから。

わたしから離れて、より高貴な隠れ家に
喜びを見出せ。何も見えない人たちに
盲目と呼ばれる神を導き手とせよ。

天がおまえを助け、この広大な建築家の
神霊がおまえに常に慈悲深くあるように。そして、

わたしのものでないのだから、わたしのところには戻ってくるな[9]。

長年にわたって誤謬がわたしを押し込めた、
狭く暗い牢獄から抜け出し、
嫉妬深く凶暴な敵の手が
わたしにかけた鎖を、わたしは取り去る。

この敵はもはやわたしを
暗黒の夜や夕に差し出すことはできない。
巨大なピュートーン〔大蛇〕に打ち勝ち、その血で海の水を
染めた者〔太陽神アポロ〕が復讐の女神をわたしから遠ざけたのだから。

至高の声よ、わたしはあなたに向かって上昇します。
太陽よ、神の光よ、あなたに感謝します。
卓越した手よ、あなたにわたしの心を捧げます。

あなたはわたしを残酷な爪から呼び戻し、
わたしの心を癒す

より良い部屋へと導かれたのです。

誰がわたしに翼を与え、わたしの心を熱し、
運命と死への恐怖から解放するのか。
誰が鎖を断ち切り、扉を壊すのか。
稀な人たちのみが脱出することができたあの扉を。

時間の娘にして武器である、時代と年と月と日と時が
そして鉄も金剛石も打ち勝つことができないあの宮廷が
わたしを彼らの狂乱から守った。

それゆえわたしは翼を大気に委ね、
水晶やガラスにぶつかることを恐れない。
諸天を突き抜け、無限へと上昇する。

わたしの地球から他の地球へと昇り、
エーテルの野に踏み入り、
他人が遠くから眺めるものを、後にする。

第一対話

登場人物　エルピーノ、フィロテオ、フラカストリオ、ブルキオ(10)

エルピーノ　宇宙が無限であるとは、どのようにして可能なのですか。

フィロテオ　宇宙が有限であるとは、どのようにして可能なのですか。

エルピーノ　この無限性が証明できるとお思いですか。

フィロテオ　この有限性が証明できるとお思いですか。

エルピーノ　それは、どのような広がりなのですか。

フィロテオ　それは、どのような縁《ふち》なのですか。

フラカストリオ　〈本題に戻りましょう〉。寄り道が長すぎます。

ブルキオ　フィロテオさん、はやく議論をしてください。この寓話ないし空想を聞いて楽しみたいのですから。

フラカストリオ　ブルキオさん、〈落ち着いてください〉。真理が最終的にあなたを説得したら、なんとおっしゃいますか。

ブルキオ　このことが真であるとは、信じたくありません。というのも、この無限は、わたしの頭で理解できず、わたしの胃で消化できないからです。もっとも、フィロテオさんの言うことが正しいと望まないわけでもありません。そうなれば、もしも不運にもわたしがこの世界から落ちたとしても、つねに居場所が見つかるわけですから。

エルピーノ　たしかに、フィロテオさん、もしもわれわれが感覚の判定に従うならば、あるいは（あらゆる認識は感覚に端を発するがゆえに）感覚を最優先するならば、あなたの説に帰結するための手段を見出すことは容易ではないでしょう。ですから、わたしがわかるように説明してください。

フィロテオ　無限を見るのは感覚ではなく、この結論を要請するのも感覚ではありません。なぜならば、無限は感覚の対象になることはできないからです。ですから、感覚を通じて無限を認識することを要求する者は、実体や本質を目で見ようとする者に似ています。そして、見ることも感覚することもできないという理由で、感覚によって事物を否定する者は、実体や存在そのものを否定することになるのです。それゆえに、感覚の証言を要求するのは、節度をもってなされるべきです。感覚の領域は、感覚的な事物に限定されるべきです。そして、その場合にも、理性と結合して判断されない限りは、疑いをなくしてはならないのです。遠い時間や距離によって分け隔てられた、不在の事物を説明するのは、知性の仕事です。感覚がわれわれにとって十分な証人になるのは、それが理性に反対しない限りにおいてです。加えて、感覚は、その視野（地平）が有限なものに見えるという点において、自らの能力の限界をはっきりと示しています。このような有限な視野の形成からも感覚が不確かなものであることがわかるのです。われわれがいるこの地球の表面に関してさえ感覚が欺くことを経験している以上、星を運ぶ凹面として理解されているあの限界に関してはいっそう疑ってかかる必要があるでしょう。

エルピーノ　それならば、感覚が何の役に立つのかおっしゃってください。

フィロテオ　感覚が役に立つのは、理性を単に刺激するためであり、部分的に弾劾し、示し、証言するためです。全面的に証言し、判断し、弾劾するためではありません。なぜならば、感覚はいくら完全であろうとも、何らかの混乱を伴うからです。それゆえに、真理は、脆弱な原理としての感覚にわずかに依存しますが、だからといって感覚の中にあるわけでなないのです。

エルピーノ　それならば、真理はどこにあるのですか。

フィロテオ　真理は、感覚的な対象の中に、鏡の中にあるようにあり、理性（raggione）の中に議論と論説の様態を通じてあり、知性の中に原理と結論の様態を通じてあり、精神の中に固有の生ける形相としてあります。

エルピーノ　それでは、議論を続けてください。

フィロテオ　そうしましょう。もしも世界が有限で、その外には何もないとしたら、あなたがたに質問します。

世界はどこにあるのでしょうか。宇宙はどこにあるのでしょうか。アリストテレスの答えは、「自らの内にある」というものです[11]。〔アリストテレスによれば〕第一天の凸面は普遍的な場所であり、それは、第一の包摂者として、他の包摂者の中にはありません。なぜならば、場所とは、包摂する物体のもっとも外の表面以外の何者でもないからです。それゆえに、自らを包摂する場所を持たないものは、場所を持たないのです[12]。〔以下、アリストテレスに対する反論〕しかし、アリストテレスよ、「場所は自らのうちにある」[13]という言葉であなたは何を言おうとしているのか。「世界の外のもの」という表現でどういう結論を出すつもりか。もしもあなたがそこには何もないと言うならば、天も世界も、疑いなく、どこにもないということになるだろう。

フラカストリオ　〈それゆえ、世界はどこにもなく、すべては無の中にあるだろう〉。

フィロテオ　世界はどこにもないものになるでしょう。あなたが〔空虚と無を回避するために強弁して〕世界の外には、一つの知性的にして神的な存在者があり、その結果神が万物の場所であると言うとしましょう[14]。その場合、非物体的で可知的で広がりを持たないものがどのようにしたら広がりを持つものの場所になりうるのかを説明するという、たいそうな困惑にあなた自身が陥ることになるでしょう。もしもあなたが「世界の外部が形相として、魂が身体を内包するように世界を内包する」と言うならば、それは外部に関する質問と宇宙の外にあるものについての問いに対する答えになりません。そしてもしもあなたが、「何一つとして存在しない所には、場所も、それを越える外部も存在しない」と言い訳がましく言うとしても、それに満足するわけにはいきません。そんなものは、思想に値しない言葉と言い訳に過ぎないのですから。実際、何らかの感覚や空想の助けを借りて（百歩譲って別の感覚や空想が存在するとしても）、外部に物体も空虚も持たない表面や縁《ふち》や限界が存在することを、誠実な意図を持って肯定することは不可能です。このことは、神が存在するとしても、同様です。なぜならば、神性は空虚を満たすために存在するのではないからです。したがって、物体に限界を与えることは、いかなるしかたにおいても、神性の概念には含まれていません。限界を与えると言われるものはすべて、外部の形相であるか、あるいは内包する物体であるのですから。結果として、どう言おうとも、あなたは神的にして普遍的な自然の威厳を損なうことになるのです。

ブルキオ　確かにこの人に対しては次のように言う必要があるでしょう。もしも、誰かがあの世界の凸面の外へと手を伸ばしたならば、その手は場所にはなく、どこにもなく、結果として存在しない、と。

フィロテオ　才知のある人ならば誰でも、ペリパトス派のこの発言には矛盾が含まれていることに気づくでしょう。アリストテレスの定義によれば、場所とは、内包する物体でも、ある種の空間でもなく、内包する物体の表面のようなものです。さらに、彼によれば、第一の、主要な、最大の場所とは、この種の定義がほとんどと言うか、まったく当てはまらないものなのです。それは、第一天の凹面の表面であり、物体の表面なのですが、この物体とは、内包されることなく、内包するだけのものなのです。さて、この表面が場所であるためには、それが内包された物体のものである必要はなく、内包する物体のものであればよいのです。もしもそれが内包する物体の表面であり、内包された物体と連続的につながっているのでないならば、それは場所を持たない場所ということになります。なぜならば、第一天が場所と言えるのは、自らの凹面が第二天の凸面に触れる限りにおいてだからです。したがって、この定義は、空虚で、混乱しており、自己破壊的なものなのです。混乱は、「天の外には何もない」という不適切な主張から生じたのです。

エルピーノ　おそらくペリパトス派は次のように言うでしょう。「第一天が内包する物体であるのは、凹面の表層ゆえにであり、凸面の表層ゆえにではない。それが場所であるというのは、このような意味に従ってのことである」。

フラカストリオ　それならば、わたしはこう付け加えましょう。「内包する物体の表面があるが、それは場所ではない」と。

フィロテオ　要するに、本題に戻ると、「天の外には何もない。天は自ら自体の内部にあり、偶有的に場所を持ち、偶有的に（つまり部分によって）場所である」[15]という発言は、わたしには滑稽なものに思われます。「偶有的に」という言葉にどのような解釈を加えようとも、この主張は、一から二を捻り出しているのです。なぜならば、内包するものと内包されているものとはつねに別物であるからです。実際、アリストテレス自身にとっても、内包するものは非物体的であり、内包されているものは物体的です。内包するものは不動であり、内包されているものは動的です。内包するものは数学的であり、内包されているものは物理的なのです[16]。ですから、彼があの表面という言葉で何を考えているにせよ、わたしは「その外には何があるのですか」と質問を続けることでしょう。もしもそれに対する答えが「何もない」というものならば、空虚ないし空無が存在するということになります。そしてその空虚や空無は外部にいかなる尺度も限界も持たず、内部においてのみ限界づけられているということになります。しかし、このことは、宇宙が無限で無窮であると考えるより、はるかに困難なことです。実際、有限の宇宙を措定した場合、空虚を免れることはできません。それでは、内部に何もない空間が適切なものであるかを考えてみましょう。その場合、この無限の空間の中にこの宇宙があることになります。（それが必然性によるのか、それとも摂理によるのかについては、今は説明する労を省くことにします。）そうすると、世界を含むこの空間は、世界を含むことに関して、その外部にある空間よりも大きな適性（aptitudine）を持っているということになります。

フラカストリオ　それは明らかに不可能です。なぜならば、何もないところには、いかなる差異もなく、いかなる差異もないところには、適性の相違はないからです。おそらく、何もないところには、いかなる適性もないでしょう。

エルピーノ　また不適性もないでしょう。二つの選択肢〔無限の宇宙と有限の宇宙〕のうち、わたしは後者〔有限の宇宙〕よりもむしろ前者〔無限の宇宙〕を選びます。

フィロテオ　おっしゃるとおりです。ですから、（ペリパトス派の語り口では必然的に措定される）空虚と空無は、世界を受け入れる、ましてや拒絶する、いかなる適性も持ちません。（しかし、これらふたつの適性のうち、一つは現実に見ることができますが、もう一つは現実にではなく、理性の目を通じてしか見ることができません。）したがって、世界の大きさに等しいこの空間（プラトン主義者たちはそれを質料と呼ぶのですが[17]）の中にこの世界があるように、別の空間の中に、別の世界が存在します。そして、この世界を越えて存在し、この世界に等しい、無数の空間すべてに、このことは妥当するのです。

フラカストリオ たしかに、われわれの判断が確実なのは、それがわれわれの知覚や認識の対象と類似しているものに関する場合においてであり、その反対のものに関する場合においてではありません。したがって、われわれの知覚や経験にとって、宇宙は有限ではなく、何の情報ももたらさない空虚や空無によって限界づけられていない以上、われわれがそのように結論を出すのは理にかなったことなのです。というのも、その他の理由がすべて同等だとしても、経験が、充満ではなく空虚を受け入れないということは明らかだからです。この主張はつねに弁明可能ですが、反対の主張は無数の非難と不都合を免れることはできないでしょう。フィロテオさん、続けてください。

フィロテオ それゆえに、無限の空間には物体を受け入れる適性があることを、われわれはたしかに知っています。少なくとも、「何もないところにはいかなる抵抗もない」という理由から、無限の空間がこの適性に矛盾しないとするだけで十分でしょう。そうすると残りの課題は、空間全体が充満しているか否かを検討することです。この点に関しては、存在可能なものについて考えようが、創造可能なものについて考えようが、答えが「然り」であるということが理にかなっているのみならず、必然的であるということがわかります。このことを明らかにするために、あなたに質問しましょう。この世界が存在するのは良いことでしょうか。

エルピーノ たいそう良いことです。

フィロテオ それならば、世界と等しい広がりを持つこの空間がこのように充満しているのは、良いことなのです。（あなたが第一天の凸面の外にある無と呼ぶ空間を、わたしは〔空間と類似し、空間と変わらない〕空虚と呼ぶつもりです。）

エルピーノ　そのとおりです。

フィロテオ　加えて、次の質問をあなたにしましょう。この空間の中に、世界と呼ばれるこの機構があるように、同じ機構はこの空無とは別の空間においてかつて存在することができた、あるいは現に存在することができるのでしょうか。

エルピーノ　「然り」と答えましょう。どうしたら無や空無においてあるものを別のものから区別できるのはわかりませんが。

フラカストリオ　きっとあなたはわかっているのですが、それが導く結論に気づいているために、熱心に肯定する気はないのでしょう。

エルピーノ　自信を持って肯定してください。というのも、この世界は空間の中にありますが、その空間は、もしも世界がないとしたら、あなたの言うところの第一天の外にある空間と変わりがないのですから。

フラカストリオ　議論を続けてください。

フィロテオ　そうしましょう。この空間は〔世界という〕この宇宙的な物体を含むことによって、今も昔も完全なものであることができ、必然的にそうなのですが、それに劣らず、その他の空間もみな、今も昔も完全なものであることができるのです。

エルピーノ　それは認めるとします。だから、どうなるというのですか。存在することができる、持つことができるからといって、存在する、持つということになるのでしょうか。

フィロテオ　わたしは、あなたが素直に白状するならば、「〔世界は他の空間の中にも〕存在することが可能で、存在するべきであり、現に存在する」と言わざるをえなくなるようにしましょう。なぜならば、この空間が満たされていない、つまりこの世界が存在しない、ことが悪であるならば、この世界と変わらないがゆえに、すべての空間が満たされていないことは、それに劣らず悪なのです。その結果、宇宙は無限の広がりを持ち、世界は無数なのです。

エルピーノ　一つでは足りずに、複数である理由を挙げてください。

フィロテオ　もしもこの世界が存在しない、あるいは満たされていないことが、悪だとすれば、それはこの空間に関わることでしょうか。それとも、この空間と同様の他の空間にも関わることでしょうか。

エルピーノ　それは、この空間の中にあるものに関して悪であり、この空間と同様の他の空間に関しても同様である、と言いましょう。

フィロテオ　よく考えれば、それは同じことなのです。実際、この空間の中にある（あるいはそれと同様の空間の中にある）この物体的存在の善性から、この空間（あるいはそれと同様の空間）と同じ量と性質を持つ空間の中にある適切な善性ないし完全性を推論することができます。しかし、このことは、これと類似した無数の他の空間の中に存在する善性を否定することにはつながりません。それどころか、完全で限界を持つ、有限な善が存在するという推論よりも、無限の善が存在するという推論のほうが比較にならないほど強力なのです。というのも、限定された善が適していると推論される場合でも、無限の善は絶対的な必然性によって存在するからです。

エルピーノ　無限の善はたしかに存在しますが、それは非物体的なものです。

フィロテオ　非物体的な無限者〔神〕については、われわれの見解は一致しています。しかし、善にして無限である物体的な存在者を否定する理由があるでしょうか。もっとも単純で分割不可能な第一原理の中に含有されていた無限者が、〔有限な世界という〕狭隘な縁《ふち》の中で展開されるのではなく、この無限で無窮の類似物[18]〔宇宙〕――それは無数の世界を受け入れることができるのです――の中で展開されない理由があるでしょうか[19]。実際、われわれにとってとてつもなく大きく見えるこの物体〔有限な世界〕が神を前にしたときには、点、いやそれどころか無、に見えるということを否定するのは、冒涜的なことに思われます。

エルピーノ　しかし、（世界が神の偉大さに何も付け加えないということはここで論じないとして）神の偉大さがいかなるしかたにおいても物体的広がりに存するわけではないように、神の類似物〔宇宙〕の偉大さもその広がりの大小に存すると考えるべきではないでしょう。

フィロテオ　なるほど。しかし、あなたは議論の核心に答えていません。というのも、わたしが無限の空間を要請し、自然が無限の空間を持つのは、物体的広がりがそのことによって威厳を持つからではなく、自然と物体的な種（specie）の威厳のためにだからです。実際、数えられる有限なものにおいてよりも、無数の個体においてのほうが、無限の卓越性は、比較できないほど優れています。それゆえに、到達不可能な神の顔に対応して、唯一の無限の類似物〔宇宙〕が存在しなければなりません。そして、その中には無数の四肢として、われわれの世界以外にも無数の世界が見出されなければなりません。また、非物体的な神の卓越性を物体的なしかたで展開させるためには、無数の完成度が存在しなければなりません。したがって、無数の個体が存在しなければならないのですが、それらは〔星々という〕例の偉大な動物なのです。（それらの中の一つが、われわれを生み、育て、いずれ取り返す、母なる神、地球なのです。）これら無数の個体を含むために、無限の空間が必要なのです。したがって、この世界と同様の（存在可能な）無数の世界が存在するのは良いことです。それは、この世界が昔も今も存在することができ、現に存在しているのが良いことであるのと、同じ理由によるのです。

エルピーノ　わたしの主張は、この有限な世界が、これら有限の星々とともに、万物の完成を包含しているということです。

フィロテオ　あなたはそれを言うことはできても、証明することはできません。たしかに、この有限な空間の中にある世界は、この空間の中にあるすべての有限な物の完成を包含します。しかし、それは、他の無数の空間の中に存在することができる無数の事物の完成を包含することはないのです。

フラカストリオ　お願いですから、このあたりで終りにしましょう。勝利のために論争し、栄誉を求めるうちに、自分と他人が真理を理解するのを妨げる詭弁家のように振る舞うのはやめましょう。空間は無限に物を包含することができるがゆえに、そしてその中に存在することができる多くの個別の世界は善きものであるがゆえに、それらの各々は（われわれの世界に劣らず）適切な存在理由を持っているのです。このことを否定できるほど、頑迷固陋な人間はいないでしょう。というのも、無限の空間は無限の適性を持ち、この無限の適性において、存在の無限の現実態が讃えられるからです。このことによって、無限なる始動因は欠陥をもたずにすみ、適性は虚しいものではなくなるのです。ですから、エルピーノさん、フィロテオさんに他の言い分があるならば、それにも耳を傾けてください。

エルピーノ　あなたが宇宙と呼ぶ世界が無窮であると言うことは、いかなる不都合も伴わず、（その反対の立場から生じる）無数の窮状からわれわれを解放するということは、正直言ってよくわかります。また、われわれが従うペリパトス派の言い分が、時にはわれわれの考えの中でいかなる基盤も持たないということも知っています。例えば、われわれは、宇宙の外と中の空虚を否定した後で[20]、「宇宙はどこにあるのか」という質問に答える際に、それはいかなる場所にもない――〈どこにもない〉――と言うのを恐れて、「宇宙はその諸部分の中にある」と言うのです。しかし、そうなると、「諸部分は何らかの場所の中にあるが、宇宙はいかなる場所の中にも、空間の中にもない」と言わざるをえなくなります。しかし、このような発言は、誰もがわかるように、いかなる認識にも基盤を持ちません。むしろ、それは、無限の世界と宇宙を措定することによって、あるいは無限の空間を措定することによって、混乱を招き、真理を告白するはめにならないようにとの、頑迷な逃げの姿勢を意味するのです。ここから、この立場に立つ者には二重の混乱が生じます。つまり、もしも万有が物体、それも球形の物体であり、（その結果）形を持ち限界づけられているならば、それは無限の空間の中で限界づけられている必要があります。そして、もしもわれわれが無限の空間の中には何もないと主張するならば、真の空虚の存在を認める必要があります。もしも真の空虚が存在するならば、それは、空間全体の中にあるのと同じ理屈で、われわれが見ているこの世界という部分にも存在するはずです。もしも空虚が存在しないならば、充満が存在しなければならず、結果として、無限の宇宙が存在するのです。そして、「世界の外には何もなく、世界は自らの部分の中にあるがゆえに、世界は〈どこか〉にある」と言うことは、「エルピーノの手は彼の腕の中にあり、目は顔の中に、足は脚の中にあるがゆえに、エルピーノは〈どこか〉にある」と言うのと同じほど愚かなことなのです。明らかに困難な状況にいながらもおしゃべりに時間を費やす詭弁家のように振る舞わずに、結論を言うとしましょう。わたしには、以下のことは否定し難いことと思われます。すなわち、無限の空間の中には、この世界に似た無数の世界が存在するか、あるいはこの宇宙の包容力はわれわれが星々と呼ぶこれらの物体と似た多くの物体にまで広がっているのです。そしてまた、（これらの世界が似たものであろうがなかろうが）その中のどれもが他のものと同様に存在する理由を持っているのです。実際、他の世界の存在は一つの世界の存在に劣らず、複数の世界の存在は一つの世界と他の世界の存在に劣らず、無数の世界の存在は複数の世界の存在に劣らず、理にかなっているのです。ですから、この世界が消滅することが悪であるように、無数の他の世界が存在しないことも悪なのです。

フラカストリオ　見事な説明ですね。あなたは、否定できないことを受け入れることによって、ご自身が理由をよく理解し、詭弁家でないことを示されました。

エルピーノ　原理と永遠の始動因についての残りの議論も聞きたいものです。それには、このような無限の結果がふさわしいのでしょうか。そして、結果は実際にそのようなものなのでしょうか。

フィロテオ まさにこのことを付け加えるべきでした。実際、無限の空間の包容力と適性、加えてこの世界に似た世界が無数存在することの可能性と妥当性から、宇宙が無限でなければならないということはすでに言いました。今や残された課題は、それを証明することにあります。この証明の出発点は、宇宙をそのようなものとしてかつて生み出し、（より良い言い方をするならば）そのようなものとしてつねに生み出している始動因であり、われわれの理解のしかたの条件でもあるのです。無限の空間がわれわれが見ている空間に似ていると論ずるほうが、それが（例証によっても、類似によっても、比例関係によっても、いかなる想像力によっても、自己撞着することなしには）われわれが見ていないものに似ていると論ずるよりもはるかにたやすいのです。それでは、議論を新たに始めるとしましょう。神的な始動因が何もしないと考える理由があるのでしょうか。無限の事物に自らを伝達し、無限なしかたで拡散することができる神的な善性が、乏しさに甘んじ、無（有限なものはみな、無限に比べて、無なのですから）に拘束されなければならない理由があるのでしょうか。無限の球（このような言い方が許されるならば）において無限に増大することができる、神性のあの中心が、豊饒で美しく飾られた父として自らを伝達するのではなく、物惜しみをするかのように不毛なものであり続けるという理由があるのでしょうか。それが、自らの存在の栄誉ある力に逆らって、減少したしかたで自らを伝達する、あるいは（より良い言い方をするならば）伝達しない、ことを望む理由があるのでしょうか。無限の能力は、なぜ無駄にならなければならないのでしょうか。存在可能な無限の世界の可能性は、なぜペテンにかけられなければならないのでしょうか。縮減されていない鏡の中で、無限で無窮の自らの存在様態に則って輝きを増すべきである神の像〔宇宙〕の卓越性は、なぜ危険にさらされなければならないのでしょうか。なぜわれわれはこの見解を受け入れなければならないのでしょうか。それを措定した場合には、多くの不都合が生じ、法や宗教や信仰や道徳にはなんの貢献もなく、哲学の多くの原理が破壊されるというのに。神が、能力においても、働きにおいても、結果においても（これらは神においては同じことなのですが）限定されており、球の凸面の限定のようなものである、ことを望む理由があるのでしょうか。むしろ神は、（このように言うことが許されているならば）無限定なものの無限定な限定であるのです。わたしが「限定なしの限定」と言うのは、神の無限は宇宙の無限とは異なるからです。実際、神は包含的かつ完全なしかたで、無限全体であるのですが、宇宙は、完全なしかたではなく展開されたしかたで、（部分や終りが存在しないところに「全体」という言葉を使うとすれば）全体として全体の中にあるのです(21)。というのも、神は限界としての、宇宙は限界づけられたものとしての、存在理由を持っているからです。両者の相違は、有限なものと無限なものとの相違ではありません。神は完全に無限ですが、宇宙は限定的です。神は、端的に全体的です。それに対して、宇宙が全体的に存在するのは、全体は無限だが全体的には無限ではないもの全体においてなのです(22)。端的に全体的に存在するもの（神）は、拡張的な無限を受け付けないのです。

エルピーノ　このことをもっとよく理解したいので、あなたがおっしゃる「全体の中に全体が全体的にある」「全体が無限全体、つまり全体的な無限、の中にある」ということの意味をもう少し説明してください。

フィロテオ　宇宙について「全体が無限である」と言うのは、それが縁《ふち》や限界や表面を持たないからです。宇宙について「全体的に無限である」と言わないのは、その中でわれわれが取り出すことができる部分がどれも有限であり、宇宙が内包する無数の世界のどれもが有限だからです。わたしが神について「全体が無限である」と言うのは、それが自らあらゆる限定を排除し、神の属性はみな一であり無限だからです。神について「全体的に無限である」と言うのは、神全体が宇宙全体の中におり、その各部分においても無限に、全体的に存在するからです。それに対して、宇宙の無限は、全体の中に全体的にあるとはいえ、われわれがその中で理解できる諸部分（無限に言及しつつも部分と呼ぶことができるとして）の中に全体として存在することはないからです。

エルピーノ　わかります。議論を続けてください。

フィロテオ　したがって、有限と解されるこの世界が適切で、善く、必要であると言うすべての理由によって、その他すべての無数の世界もまた適切で善きものであると言わなければなりません。同じ理由で、万能の神は、これらの世界にも存在を付与することを惜しみません。そして、これらの世界なしには、万能の神は、意志ないし能力の欠如という非難を受けることになるでしょう。なぜならば、その場合には、神は空虚ないし（空虚という名をお望みでないならば）無限の空間を手付かずに残すことになり、その結果、存在の無限の完成が奪われるだけでなく、（万物が創造されたものならば）創造された諸物の、（諸物が永遠であるならば）依存する万物の、始動因としての現実の無限の威厳を失うことになるのですから。見事な無限を創造することができる行為者がそれを有限なものにするいかなり理由があるのでしょうか。そして、もしも神が宇宙を有限なものにするとしたら、神が無限な宇宙を創造することができると信じる理由はなくなるでしょう。神においては、能力となすことは一つなのですから。神は不可変なので、神の仕事と働きには偶有性は存在せず、特定の決められた結果が特定の決められた働きに不可変なしかたで依拠するのです。それゆえに、神は、現にあるもの以外の何者でもありえません。現にそうである特質しか持つことはできません。現にそうでありうるもの以外の何者でもありえません。現にそうであろうと望むもの以外の何も望むことはできません(23)。そして、必然的に、それが現になしていること以外の何もなすことはできません。というのも、現実態と異なった可能態を持つことは、可変的な事物にのみふさわしいからです。

フラカストリオ かつて存在せず、いまも存在せず、未来も存在しないものは、明らかに、可能性や能力とは無縁なものです。そして、本当に、第一の始動因は自らが望むもの以外を望むことができない以上、それは自らがなすこと以外のことをなすことはできないのです。受動的な無限の能力に対応しない能動的な無限の能力について語る人たちが一体何を考えているのか、わたしには理解できません。彼らは、能動的な無限の能力が、無限で無窮の空間の中に無数の世界を作ることができるにもかかわらず、有限な世界を一つだけ作ると主張しているのです。しかし、能動的な無限の能力の行為は必然的なものです。なぜならば、それを生じさせる意志は、もっとも不可変なもの、それどころか不可変性そのもの、であり、それ自体が必然性だからです。それゆえに、それにおいては、自由と意志と必然性は同じことであり、加えて、意志することとできることと存在することは同じなのです。

フィロテオ あなたはわたしの意見をお認めになり、見事に話されました。したがって、二つの主張のうちの一つを選ばなければなりません。第一の〔正しい〕主張は、無限の結果がそれに依拠しうる始動因を、無数の世界を内包する唯一の無窮の宇宙の、原因にして原理として認めます。この主張は、科学と法と信仰にとって都合が良い結果をもたらし、そこからはいかなる不都合も生じません。他方、もう一つの〔誤った〕主張によると、この始動因に依拠するのは、（われわれが星々と呼ぶ）限られた数のこれら諸世界を含む有限な宇宙であり、このことからこの始動因が有限で限定された能動的な能力の持ち主であることがわかるのです。というのも、その活動は有限で限定されているのですが、意志と能力は活動に対応するものであるからです。

フラカストリオ　この議論を終えるにあたって、以下の三段論法を提示したいと思います。すなわち、第一の始動因は、もしもそれが現にしようと望んでいるのとは別のことをしようとするならば、現にしているのとは別のことをすることができるはずです。しかし、それは、現にしようと望んでいること以外の何もしようと望むことはできません。したがって、それは、それが現にしているのとは別のことをすることはできないのです。それゆえに、有限の結果を語る者は、有限の働きと能力を措定することになります。加えて（同じことですが）第一の始動因は、それがしようと望むことしかすることはできず、それが現にしていることしか望むことはできません。したがって、それは、それがしていることしかすることはできません。それゆえに、無限の結果を否定する者は、無限の能力を否定するのです。

フィロテオ　この三段論法は、単純ではありませんが、証明に役立つものです。けれども、幾人かの重要な神学者たちがそれを認めないのには、称賛すべきわけがあります。彼らは、熟慮の結果、この必然的な論法が粗野で無知な民にもたらす弊害を知っているのです。これらの民は、この論法を聞いて、自由な選択や尊厳や価値が理解できなくなります。その結果、彼らは、特定の運命のもとで増長したり不平不満を抱いたりしながら、破廉恥な人間になってしまうのです。実際、似たような前提から引出された結論を用いて、法と信仰と宗教の特定の破壊者たちは、賢者を気取って、多くの民を堕落させました。その結果、これらの民は、それ以前よりも野蛮で悪辣になり、良き行為を軽蔑し、堂々と悪徳と悪行をなすようになったのです(24)。ですから、それと反対のことを言うのは、知者たちのもとでは、冒涜でも、神の偉大さと卓越性を損なうものでもありません。というのも、真実は、市民的会話にとって有害であり法の目的に反することがあるからです。もっとも、その理由は、真実が真であるからではなく、それを取り扱う者たちの悪意にあるか、あるいは道徳を放棄することなしにはそれを理解することができない者たちの無知にあるのです。

フラカストリオ　おっしゃるとおりです。何らかの口実のもとに、このような見解から人間の行為の必然性を導き出し、自由意志を破壊しようとするような博識で善良な哲学者は、いまだかつて存在したことがありません。例をあげれば、哲学者たちの中でもプラトンとアリストテレスは、神における必然性と不可変性を認めつつも、それに劣らず、道徳的な自由とわれわれの自由意志の能力を認めたのです。なぜならば、神の必然性と人間の自由が共に可能であることを、彼らはよく知っており、理解することができたからです。他方、民衆の真の父である聖職者たちは、この種の言い回しを受け入れないことがあります。それは、文明と一般的な利益の敵である悪人や誘惑者たちが、(真実を理解することが難しく、悪にたやすく傾く、人々の単純さと無知を悪用して)有害な結論を引き出す機会を得ないようにするためなのです。彼らは、われわれが真の提題を活用することをたやすく認めてくれると思います。なぜならば、われわれがこれらの提題から推量しようとするものは、自然の真理と自然の創造主の卓越性以外の何物でもないからです。そして、われわれは、これらの提題を俗衆にではなく、われわれの話を理解できる知者たちだけに提案しているのです。この原理に則って、教養と信仰を兼ね備えた神学者たちは哲学の自由を制限したことはいまだかつてなく、公共心と道徳を兼ね備えた哲学者たちはつねに宗教を厚遇したのです。なぜならば、粗野な民衆の教育には信仰が必要であり、自己を修めることができる思弁的な人たちには証明が必要であるということを、両者ともに知っているからです。

エルピーノ　このことについては十分に語られました。本題に戻ってください。

フィロテオ　われわれが言いたいことを推量の形で表現すると、次のようになります。「第一の起動因の中に無限の能力があるならば、そこにはまた、無限の大きさの宇宙と無数の世界の拠り所となる働きもあるはずである」。

エルピーノ　あなたのおっしゃることは、大いに説得力がありますが、いまだに真理とは言えません。しかし、わたしは、自分にとってたいそう真実らしく見えるもの〔あなたの見解〕を、真実と認めるにやぶさかではありません。しかしそのためには、ある重要な問題を解決していただかなければなりません。この問題のために、アリストテレスは、神的な能力が外延的（延長的 extensivamente）には無限であることを認めても、それが内に向かって（強度において intensivamente）無限であることを否定せざるを得なかったのです。〔内に向かって無限であることを〕否定した理由は、以下のようなものです。神の中においては可能態と現実態は同一なので、神は無限に動かすことができる以上、無限の力で無限に動かすことができることになります。このことがもしも真であるならば、天は一瞬にして動かされることになります。というのも、より強力な動者がより早く動かすならば、もっとも強力な動者はもっとも早く動かし、無限に強力な動者は一瞬にして動かすことになるからです。〔外延的に無限であることを〕肯定した理由は、神は、第一動者を、比例と尺度に則って永遠に規則的に動かすからです。このことから、彼が神的な能力に外延的な無限は認めても、絶対的で内に向かった〔強度における〕無限は認めなかった理由が分かるでしょう(25)。ここからわたしは以下の結論を出したいと思います。すなわち、その無限の動的な能力が有限な速度に則った運動に縮減されているように、無窮な宇宙と無数の世界を作る同じ能力は、自らの意志で、有限な宇宙と数えられる世界に限定されているのです。ほとんど同じことを、何人かの神学者たちも考えています。彼らは、宇宙の運動を継続的に繰り返す拡張的な無限を認める以外に、内に向かった〔強度における〕無限をも要請します。この無限によって、神は無数の世界を造り、無数の世界を動かすことができ、それらのどれもが、またそれらすべてが、一瞬の内に動くことができるのです。それにもかかわらず、神は、自らの意志によって、無数の世界の量と最速の運動の質を調整したのです。したがって、無限の能力から生じるこの世界の運動が、何の障害もないのに、有限であると知られているように、世界の物体の数が限定されていると容易に信じることができるのです。

フィロテオ　この議論には、他の議論よりも真実味と説得力があります。それについては、「神的な意志は神的な能力を統御し、調整し、限界づける」と言うだけで十分でしょう。そこから無数の不都合が、少なくとも哲学にとっては、生じます。神学の原理についてはここでは触れないことにしましょう。彼らも、結局のところ、「神的な能力は神的な意志と善性以上のものであり、一般的に言って、ある特性がより多くの理由で神に合致する」ことに同意しないでしょうが。

エルピーノ　それならばなぜ彼らは、考えていないことを言うのでしょうか。

フィロテオ　用語に乏しく、有効な解決法を持たないためです。

エルピーノ　あなたは特別の原理を持っており、それによって第一の点を肯定なさいます。すなわち、神的な能力は外延的にも内に向かっても無限であり、行為は能力と区別されず、それゆえに宇宙は無限であり、世界は無数であると、主張なさるのです。しかし、もう一つの点、すなわち星と(あなたが好んで言われる)球体の各々は一瞬の内にではなく、時間の中で動かされているということを、あなたは否定なさいません。それでは、あなたはいかなる用語と解決法を使って、ご自身の主張を擁護し、ご自身の判断とは反対の結論を出す他の人々の論拠を否定なさるのでしょうか。

フィロテオ　このことを解決するためには、以下の点に留意してください。第一に、宇宙は無限で不動であるので、それを動かすものを探す必要はありません。第二に、宇宙の中に含まれる諸世界(土や火、そして星々と呼ばれるその他の物体)は無数であり、それらすべては(別の場所で証明したように)固有の魂という内的原理によって動いているので、それらを外から動かすものを探すのは無駄なことです。第三に、これら世界の物体は、エーテルの領域の中を動き、いかなる物体にも固定されたり、釘で打ち付けられたりしていません。それは、これらの世界の一つである、われわれの地球が固定されていないのと同じです。地球が内的な魂の衝動によって複数のしかたで自らの中心のまわりと太陽のまわりを回転しているということは、証明されたことなのです。これらの議論を前提にした場合、われわれは、われわれの原理に則れば、内に向かって無限な力を持つ能動的ないし受動的な運動を認める必要はないのです。というのも、動くものと動かすものは無限であり、動かす魂と動く物体は有限な基体において一致するからです。このことは、星々のどの世界にも当てはまります。したがって、第一の原理は、動かすものではなく、静寂と不動の存在として、無数の数えられない諸世界に運動能力を与えるのです。そして、これらの世界、すなわち宇宙の広大な領域の中に置かれた、これら異なった大きさの動物は、各自、自らの能力の状態に応じて運動や動機やその他の偶有性を持っているのです。

エルピーノ あなたはご自身の立場をたいそう強固なものになさりました。しかし、だからといって、対立する見解の議論の組み立てを破壊したわけではありません。これらの見解はすべて、最善で最大の存在者が万物を動かすということを、よく知られた前提としています。それに対して、あなたの立場は、この存在者がすべての動くものに自分で動くことを付与し、それゆえに運動はそれにもっとも近い動者の能力に則ってなされる、というものです。たしかに、あなたがおっしゃることは、一般的な定義よりも、適切で理にかなっているように思われます。しかしながら、世界の魂と神的本質についてのあなたの説、すなわち「それは全体として全体の中に存在し、全体を満たし、諸事物に(それらの固有の本質以上に)内在する。なぜならば、それは諸々の生命の生命、諸々の魂の魂なのだから」(26)という説に対して、「それは、万物に自ら動く能力を付与する代わりに、自らが万物を動かす」と同等の権利を持って言うことができるでしょう。それゆえに、すでに述べた疑念は残るように思われます。

フィロテオ　この点に関してあなたを満足させるのは簡単です。諸事物の中には言ってみれば運動の二つの原理を認めることができます。一つは有限であり、有限な基体の理に則って、時間の中で運動しています。もう一つは無限であり、世界の魂、ないし神性の原理に則っています。（神性は魂の魂のようなものであり、全体の中に全体として存在し、魂が全体の中に存在するのを可能にするのです。）そして、この運動原理は、一瞬の内に動くのです。したがって、地球には二つの原理があります。同様に、すべての動く物体には運動の二つの原理があります。その中の無限の原理は、同時に動かし、動かしたものです。それゆえに、この理に則って、動く物体はもっとも動的であるとともにもっとも静的なものなのです。地球を示すこの図〔**図1**〕をご覧ください。地球は、無限の力の動者を持つ限り、一瞬の内に動いています。それは、AからEへと中心のまわりを回転し、EからAへと戻ります。そして、このことは一瞬の内に生じるので、AとEと中間のすべての場所に同時に存在し、去ると同時に戻るのです。そして常にこのような状態にあるので、常に不動に見えるのです。同様に、自転についても、東がI、南がV、西がK、北がOとすると、これらの点の各々は無限の衝動によって回っています。それゆえに、これらの各々は去ると同時に戻るのです。その結果、それはもともとあった場所につねに固定されています。結論として、これらの物体は無限の力によって動かされるがゆえに、動かされないのと同じなのです。一瞬の内に動かされることは、動かされないこととまったく同じだからです。したがって、もう一つの運動の原理が残ります。それは、内的な力から生まれ、その結果、時間の中に継続して存在するのですが、この運動は静止とは異なっています。このようにして、神はすべてを動かすのです。神が動くものすべてに自ら動く能力を与えるということは、このように理解するべきなのです。

エルピーノ　あなたは深遠かつ効果的にこの困難を取り除き、解決なさいました。わたしは完全にあなたの判断を信じ、今後も似たような問題の解決をあなたから教えていただくことを望んでいます。わたしは、未熟者とはいえ、あなたから教

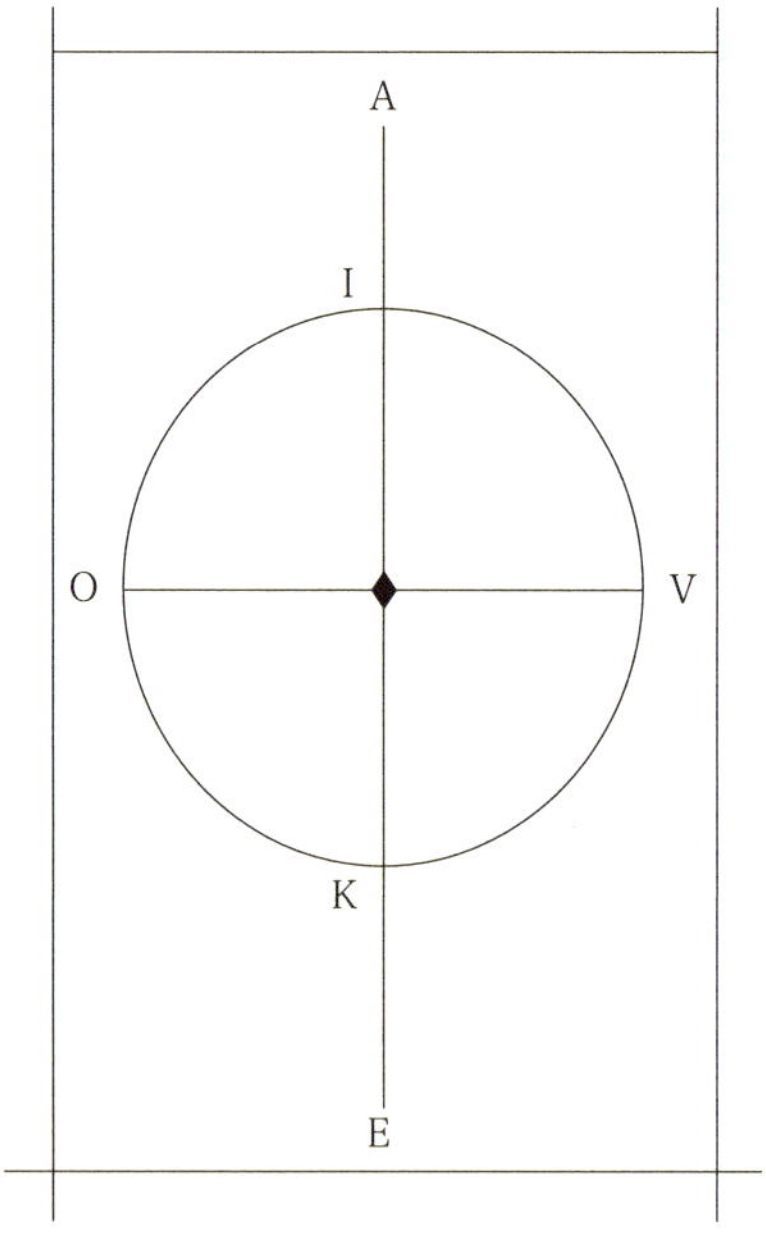

図1

わったことを十分に理解し、さらに大きな利益を得ることを期待しています。あなたの心を完全に理解してはいませんが、そこから拡散する光線から、その中には太陽かさらに大きな光体が含まれているのが分かるのです。そして、あなたの能力を凌駕するという希望ゆえにではなく、あなたから啓発される機会を獲得するという意図ゆえに、あなたに耳を傾けることでわたしの知的欲求が満たされるまで、今後も同じ時間に同じ場所で何度か再会することを提案します。

フィロテオ　そうしましょう。

フラカストリオ　感謝の心で注意深くあなたの言葉を傾聴する所存です。

ブルキオ　わたしは、少ししか分かりませんが、思想が分からなければ言葉を聞き、言葉がわからなければ声を聞くことにします。

第一対話終了

第二対話

フィロテオ　第一原理はもっとも単純なものなので、もしもそれが一つの属性に則って有限ならば、それはすべての属性に則って有限なものになるでしょう。あるいは、もしもそれが特定の内的な理由から有限であり、別の理由から無限であるならば、必然的にその中には複合が存在することを認めざるを得なくなるでしょう。〔しかしそれは不可能です。〕したがって、もしも彼〔第一原理である神〕が宇宙の製作者であるならば、彼は疑いなく無限の製作者であり、無限の結果に関わることになります。「結果」と呼ぶのは、すべては彼に依拠しているという意味においてです。さらに、われわれの想像力は、大きさを超えた更なる広がりの大きさを、数を超えた更なる数をつねに想像することによって、継続的かつ〔学者の言葉を借りれば〕可能性において無限に進行することができます。それに対して、神は現実において無限の広がりと無限の数を理解すると考えられなければなりません。そして、このように理解することから、われわれにとって好都合の可能性が帰結されます。能動的能力が無限であるところには、（必然的結果として）そのような能力の基体も無限です。というのも、（別の箇所で証明したように）なすことができることは、なされることができることを措定し、拡張的なものは拡張可能なものを、拡張するものは拡張されるものを措定するからです。加えて、以下のこともお考えください。拡張を持った有限な物体が現実に存在する以上、第一知性は物体と拡張を理解しています。理解する以上、それを無限なものとして理解するに相違ありません。無限なものとして理解し、物体が無限なものとみなされる以上、このような可知的形相（specie intelligibile）は必然的に存在します。そして、神的な知性によって生み出されたがゆえに、この形相はもっとも現実的なものです。その現実性というのは、われわれの感覚的な目の前に現に存在するもの以上に必然的なものなのです。よくお考えになればわかることですが、もっとも単純な無限（神）が真に一つの個体であるならば、もっとも広大な拡張的無限（宇宙）も一つであるでしょう。そして、（神が万物の中にあり、万物が神の中にあるといったしかたで）後者は前者の中にあり、前者も後者の中にあることになるでしょう。さらにまた、周知のように、物体的な特質によってある物体が無限に増大する能力を持つ場合、（それは、火の場合がそうです。火は、誰もが認めるように、それを養う材料が近づくときには、無限に増大しうるのです。）無限であることができ、結果として無限になることができる火が実際には無限になりえない、いかなる理由があるでしょうか。実際、質料の中に受動的な能力を持つものがあるにもかかわらず、作用する側には能動的な能力がなく、結果として実現不可能である、ということを想像することはできません。「無限はある種の継続の中に可能性として存在するが、現実には存在しない」と主張することは、必然的に、「無限は完成されることができないので、能動的な能力は無限を継続的な現実の中に措定することはできるが、完成された現実の中には措定することはできない」ということをもたらします。そこから、「第一原因は単純で絶対的で一なる能力を持たない。それが持つのは、（一方では）能動的な能力であり、それに無限の継続的な可能性が対応し、（他方では）もう一つの能力であり、それに現実態と異ならない可能性が対応する」という帰結が生じることになるでしょう。加えて、世界が限界を持つとした場合、物質的な物が周辺を非物質的な物に囲まれるということは想像し難いので、この世界は消滅し、無になることでしょう。というのも、（われわれが理解する限り）すべての物体は分散しうるものだからです。また、無限の空虚が（そこに能動的な能力があるとは理解しがたいとはいえ）いつかこの世界を無の中に吸収してしまうという懸念も拭い去ることはできません。さらに、場所、空間、そして空虚は、質料そのものではないとしても、質料に似ています。ですから、プラトン(27)、そして場所をある種の空間として定義するすべての人たちがこのように考えたのには理由があるのです。さて、もしも質料が自らの欲求を持ち、（そのような欲求は自然のものであり、第一の自然の秩序から生じるものであるので）この欲求が虚しいものであってはならないならば、場所と空間と空虚もこのような欲求を持つ必要があるのです。加えて、（すでに示唆したように）世界の有限を主張する誰ひとりとして、限界を肯定した後に、それがいかなるものであるか想像することができません。そして、彼らのうちの何人かは、自らの説と言葉で空虚と空無を否定しながらも、自らの理論を実行に移したときには結果としてそれを認めることになるのです。もしも空虚と空無が存在するならば、それは疑いなく物を受け入れることができます。そして、このことはいかなるしかたによっても否定することはできません。この世界が存在する空間の中に別の世界が一緒に含まれていることが不可能とみなされるのと同じ理由から、この世界の外の空間、あるいは(空無 vacuo という言い方を好まないアリストテレスの言葉に従えば)この無(niente)の中に、別の世界が含まれうると言わなければならないでしょう。二つの物体は同じ場所に存在できないとアリストテレスが言った理由は、別々の物体が広がりを共有できないためです。したがって、この理屈に従えば、一つのものの広がりが存在しないところには、別のものの広がりが存在しうることになるのです。もしもこの能力がそこに存在するならば、空間はある種のしかたで質料なのです。もしも質料であるならば、それは傾向性を持っています。もしも傾向性を持つならば、それに現実性を否定する理由は存在しないでしょう。

エルピーノ　達見ですね。どうか別のテーマに移り、世界と宇宙の違いを教えてください。

フィロテオ　ペリパトス派の外では、違いは広く知られています。ストア派は、世界と宇宙を区別します。なぜならば、世界は堅固な物体で満たされているが、宇宙は世界だけでなく、それ以外の空虚、空無、空間からも成り立っているからです。それゆえに、彼らは、世界が有限で、宇宙が無限であると言うのです。エピクロスは、同様に、万物と宇宙を物体と空虚の混合物と呼び、世界の本質はそこに存すると主張します。それは無限であり、空虚と空無の能力を持つとともに、その中に存在する物体の性質も持っています。われわれが何かを空虚と呼ぶのは、それが単純に無だからではありません。そうではなくて、感覚的に抵抗する物体でないものはすべて、(それが広がりを持つ限り)空虚と呼ばれるという理由に則ってのことなのです。実際、抵抗という特性を持たない限り、一般的には、物体的存在は認識されません。したがって、傷つけられないものは肉と呼ばれないように、抵抗しないものは物体と呼ばれないのです。このようなわけで、われわれが無限と呼ぶものは、無窮のエーテル状の領域であり、その中には、地球や月や太陽のような無数の物体が存在するのです。これらの物体は、「充満と空虚から成り立つ諸世界」とわれわれによって呼ばれています。なぜならば、この空気、このエーテルは、単にこれらの物体のまわりにあるのではなく、すべての物体の中に浸透し、あらゆる物の中に植え付けられているからです。われわれが「空虚」という言葉を使うのは、「無限のエーテルと諸世界はどこにあるのか」という質問に答えるためにです。われわれの答えは、「それは無限の空間の中にある」と言うものですが、この無限の空間は、その中に万物が存在し、理解される、ある種の母胎（胎内）のようなもので、それ自体が別のものの中に存在し、そのようなものとして理解されることはできないのです。ところで、アリストテレスは、これら二つの意味における空虚を混同し、それに（彼自身がでっち上げ、彼自身すら命名も定義もできない）第三の意味を付け加えることで、空虚を排除する議論に着手し、この種の議論によって空虚に関するすべての見解を論破できると思っているのです。しかし、彼はそのことによって、名前を取り除くことによって物自体を取り除いたと思っているにすぎないのです。というのも、彼は、おそらく誰も考えたことがない理由に則って、空虚を破壊（それが可能だとして）しているにすぎないからです。実際、古代人とわれわれが理解する空虚とは、その中に物体が存在することができ、何らかの物を含むことができ、その中にアトムと物体が存在するものなのです。しかし、アリストテレスだけは、空虚を、無であり、その中には何もなく、何も存在することができないもの、と定義しているのです。そこから、誰も意図していない名称と意味によって空虚を理解することで、彼は空中楼閣を作り、彼の空虚を論破するのですが、だからといって、空虚について話し「空虚」という名前を用いた他のすべての人たちの空虚を論破したわけではないのです。このソフィストは、運動や無限や質料や形相や証明や存在者といった、他のすべての見解に関しても同様の振る舞いをします。そこで彼はつねに、固有の定義と新奇な意味を持つ名前に頼って、教えを垂れるのです。したがって、判断力を持つものはみな、この男が事物の本性についての考察においていかに表面的で、彼自身の（認められたわけでもないし、認められるに値しない）仮定にいかに固執しているかが分かるのです。これらの仮定は、数学においては想定できない虚妄を彼の自然哲学において獲得しているのです。そして、ご存知のように、彼はこの虚妄をたいそう誇り、それに自己満足しているのです。その結果、彼は、自然の事物に関する考察において合理的で（言ってみれば）論理的であるという大きな野望を抱き、自然や現実や真理に関してより入念な考察を行ってきた人たちを侮辱的にも「自然学者」と呼んだのです。われわれのテーマに戻ると、アリストテレスは彼の著作『空虚について』(28)の中でわれわれの主張に対する、検討に値する批判を直接的にも間接的にもしていないので、彼を度外視し、もっと暇な時にもしかしたら取り上げることにしましょう。それでは、エルピーノさん、よろしければ、無限がわれわれの敵対者たちによって容認されない理由を順序立てて述べてください。その後では、彼らが無数の世界を理解できない理由も述べてください。

エルピーノ　そうすることにします。アリストテレスの見解を順に述べますので、思ったことをおっしゃってください[29]。彼は次のように言います。「古の哲学者たちが言うように無限の物体が存在するのか、あるいはこのことは不可能であるのか、について考察しなければならない。その後に、世界が一つであるか、複数あるのか、について考えなければならない。これらの問いの解決はたいそう重要である。というのも、これら対立する見解のどちらも重大であり、たいそう異なる正反対の哲学を生み出すからである。一例を挙げれば、分割不可能な部分〔アトム〕を措定した人たちは、この最初の誤謬のせいで行き詰まり、数学の大部分において過つことになったのである。したがって、われわれは、過去、現在、未来の問題に関わる重大なテーマの解明に取り組むことにする。このテーマに関する些細な誤謬は、進むにつれて幾万倍の大きさになるからである。それは、道を間違えることに似ている。出発点から離れて進めば進むほど、間違いは大きくなり、最終的には目的と反対の地点にたどり着くことになる。その理由は、始まりというものは、大きさにおいては小であるが、効果においては最大であるからである。だからこそ、この疑問を解決しなければならないのである」[30]。

フィロテオ　彼が言っていることはすべて重要であり、彼に劣らず他の人たちによって言われるに値します。というのも、「間違って理解された出発点から、論敵たちは大きな誤謬に陥った」と彼は信じているのですが、われわれは、それを裏返しにして、「それと反対の出発点から彼は自然に関するすべての考察を破壊した」と信じ、理解しているのです。

エルピーノ　彼はさらに次のように言います。「したがって、無限の大きさを持つ単純な物体が存在できるか検討しよう。このことは、第一に、回転運動を行う第一の物体においては不可能である。続いて、その他の物体に関しては、あらゆる物体は単純あるいは複合的であるが、複合的なものは単純なものの性質に従う。したがって、単純な物体が数においても大きさにおいても無限でない以上、複合的な物体も必然的にそのようなものでないはずである」[31]。

フィロテオ　立派な約束ですね。もしも包含する第一のものと呼ばれている物体が包含的で第一で有限であることを彼が証明するならば、包含された物体についてこのことをさらに証明する必要はなくなるのですからね。

エルピーノ　そこで彼は円運動する物体は無限でないことを証明しようとして、次のように言います。「もしも円運動する物体が無限であるならば、中心から発する線は無限であるだろう。そして、一つの半径から別の半径への距離は無限であるだろう。諸々の半径は、中心から離れれば離れるほど互いにより遠ざかることになるからである。実際、線の長さが伸びるに従って、距離がより大きくなるのは必然的である。したがって、もしも諸々の線が無限であるならば、それらの間の距離は無限であるだろう。しかし、運動するものが無限の距離を通過することは不可能である。だが、回転運動においては、運動するものの一つの半径が別の半径の場所へと順次移動する必要があるのである」[32]。

フィロテオ　この理屈は悪くはありませんが、論敵たちの意図を汲み取っていません。というのも、無限の大きさを持つ世界を措定したうえでそれを運動するものとみなすような、粗野で、無骨な精神の持ち主は、いまだに存在したことがないからです。アリストテレス自身、自らが『自然学』[33]で語ったことを忘れてしまったようです。そこで彼が言うには、無限の単一存在者、無限の単一原理を措定した人たちは、同様にそれらを不動のものとして措定し、彼の味方も、運動可能な無限の大きさについて語るいかなる哲学者（通俗的な人も含めて）の名も挙げることができない、とのことなのです。しかしながら、彼は、詭弁家の流儀で、「宇宙は運動可能で、それどころか実際に運動し、球体の形をしている」という自らの原理を想定することによって、論敵の結論から好都合な議論を引き出しているのです。それでは、この物乞いが生み出す多くの理屈の中から、彼の論敵たちの主張を反駁するものが一つでもあるでしょうか。論敵たちが主張する宇宙は、唯一で、無限で、不動で、形を持たず、広大な空間を持ち、（他の人たちが星々と呼ぶ）無数の動く世界を含んでいるのですが。彼の理屈のどれか一つでも、他人が同意する説をもたらすものがあるでしょうか。

エルピーノ　これら六つの理屈すべてが立脚する前提とは、宇宙は無限であると論敵たちが主張し、しかもこの無限なるものが動くものであることを彼らが認めるということなのです。しかし、このことはすべて愚かなこと、それどころか理性を欠いたことなのです。もっとも、昨日あなたが個別の諸世界について示されたように、無限の運動と無限の静止を合一させることを考えているならば、話は別ですが。

フィロテオ　宇宙については、このことを主張するつもりはありません。宇宙には、いかなる理由によっても、運動は属してはならないのです。というのも、運動は、無限なるものに適したり要求されたりすることはできないし、されるべきでもないからです。このようなことを思い描いた人は、いまだかつて存在していません。しかし、この哲学者は、土地を持たない者のように、空中楼閣を築くのです。

エルピーノ　たしかに、あなたがおっしゃるこのことを反駁する議論を見つけたいものです。というのも、この哲学者が持ち出すその他五つの理由はすべて、それらを引き合いに出すことは余計なことのように見えるほど、同じ道を辿り、同じ歩みで進むからです。さて、世界の回転運動に関する理論を生み出した後で、彼は、直線運動に立脚した理論の提出へと進みます。そして、前と同様のしかたで、「ある物が中心に向かって、あるいは中心から上下に向かって、無限に運動することはできない」(34)と言います。そして、最初に、そのような物体に固有の運動から証明を始めるのですが、このことは外側の物体にも、間にある物体にも関わるのです。彼はさらに言います。「上へと向かう運動と下へと向かう運動は、正反対である。そして、一方の運動の場所は、他方の運動の場所の正反対である。さらに、正反対のもののうち、一方が確定されるならば、他方も確定されなければならない。そして、二つの確定されたもののどちらにも関与する、中間にあるものもまた、そのようなものでなければならない。というのも、中心を通るものは、特定の部分から出発しなければならないからである。なぜならば、中心の限界は特定の終点から始まり、特定の終点にて終了するからである。したがって、中心が確定されれば両極も確定されなければならず、両極が確定されれば中心も確定されなければならない。そして、場所が確定されれば、そこに置かれている物体も確定されていなければならない。そうでなければ、運動は無限であることになってしまうだろう。加えて、軽重に関しては、上へと向かう物体はそのような場所に達することができる。なぜならば、いかなる自然の傾向も無駄ではないからである。したがって、無限の世界の空間が存在しない以上、無限の場所も物体も存在しない。さらに重量に関しては、無限の重さや軽さは存在しない。それゆえに、無限の物体は存在しない。というのも、もしも重い物体が無限であったならば、その重さは必然的に無限であるだろう。しかし、無限の物体が無限の重さを持つと君が主張するならば、三つの不都合が生じることになる(35)。第一に、有限の物体と無限の物体の重さは同じになるだろう。というのも、有限の重い物体が無限の重い物体に凌駕される分だけ、わたしは一方に加え、他方から削減することによって、両者の重さと軽さを同じ量にすることができるからである。第二に、有限の大きさを持つ物体の重さは、無限の大きさを持つ物体の重さよりも大きくなることができる。というのも、前者が後者と同じ重さになるのと似た理由で、前者は後者を凌駕することができるからである。このことは、好きなだけ重たい物体を加えたり、そこから取り除いたり、あるいは軽い物体を加えたりして、可能になる。第三に、有限な大きさを持つ物体の重さと無限な大きさを持つ物体の重さは、等しくなるだろう。そして、重さが重さに対して持つ比例関係は、速さが速さに対して持つ比例関係と同一なので、有限の物体においても無限の物体と同一の速さと遅さが見出されるであろう。第四に、有限な物体の速度は、無限な物体の速度より大きくなるであろう。第五に、前者は後者と等しくなることであろう。あるいは、重さが重さを凌駕するように、速度は速度を凌駕する。そして、無限の重さがあるならば、それは必然的に特定の空間を有限の重さよりも少ない時間で動かなければならないだろう。あるいは、速度と重さは物体の重量に従うゆえに、無限の重さは動かないことになる。したがって、有限なものと無限なものとの間には比例関係は存在しないがゆえに、結局のところ、無限の重さは動かないことが必然である。なぜならば、もしもそれが動くならば、同じ時間に同じ空間を通って同じように進む有限の重さは、そこには見出されないからである」。

フィロテオ　哲学者という肩書きを持ちながら、これ以上に虚しい想定をでっち上げ、愚かな反論を提起した人を他に見出すことはできないでしょう。結果として、彼の理論に見られるような多くの軽薄さがもたらされることになったのです。さて、物体に固有の場所や上・中・下の特定の位置について彼が言うことに関しては、彼がいかなる立場に対抗して議論をしているのかを知りたいものです。というのも、無限の空虚やエーテルについて語る者は、それらに重さや軽さや運動や上・中・下の領域を所属させないからです。そして、彼らは、そのような空間の中に、われわれの地球やその他諸々の地球、われわれの太陽やその他諸々の太陽といった、無数の物体を置きます。そして、この無限の空間の中で、それらを回転させるのですが、この回転は、あくまでも有限で特定された空間を通って、あるいはそれら自身の中心をまわりながらなされるのです。このようにして、地球にいるわれわれは、地球が中心にあると言い、すべての哲学者たちは、今も昔も、どの学派に属そうとも、自らの原理を危険に晒すことなく、地球が中心にあると言うのです。それはちょうどわれわれが、まわりを取り巻くエーテル状の大きな地平について語る際に、われわれがその中心にいるとするようなものなのです。同様に、月にいる者たちは、彼らに固有の地平の半径の中心や境界に見出される、この地球や太陽やその他の星々をまわりにあるものとみなすのです。それゆえに、地球は、その他のいかなる星よりも中心にあるわけではありません。そして、エーテル状の世界の空間のいかなる点にとっても地球が特定の極と確定できないように、地球にとっても特定の極を確定することはできません。同様のことは、その他すべての物体にも該当します。それらはすべて、同じものでありながらも、異なった観点から、中心であったり、周辺の点であったり、極や頂点であったり、その他の差異を獲得したりするのです。したがって、地球は絶対的に宇宙の中心にあるのではなく、われわれのこの領域から見てそうであるにすぎないのです。ですから、われわれの論争相手は、彼が証明しなければならないことの論点の先取りをしているのです。要するに、彼は対立する見解とは正反対とみなしうることを原理と定め、中心と極限を前提とするのですが、彼と対立する人たちは、世界を無限であると主張するとともに、必然的に極限と中心を否定し、その結果高い所や低い所への運動も否定しているのです。結局のところ、古代人もわれわれも、自分たちがいる地球に何かが来て、そこから何かが離れるのを見るだけなのです。それらの物の運動が上や下に向かっていると言うとき、それは特定の領域で、特定の観点から言われているのです。したがって、ある物がわれわれから遠ざかり、月へと向かうとき、われわれはそれが上昇すると言うのですが、反対の位置にいる月の住民はそれが下降すると言うでしょう。ですから、宇宙の中の運動には、無限の宇宙に対する、上や下やこちらやあちらといった差異がありません。差異が生じるのは、宇宙の中にある有限な諸世界との関連においてであり、無数の世界の地平の広がりや無数の星の数に則してのことなのです。そこでは同一の物が同一の運動に則って異なった観点から上に行くとか下に行くとか言われるのです。したがって、特定の物体は無限の運動を持たず、固有の境界を巡って有限で特定の運動を持つのです。それに対して、限定されない無限においては、有限な運動も無限な運動も存在せず、場所と時間による差異は存在しないのです。重さと軽さに関する彼の議論に関して言えば、それは無知蒙昧が生み出すことができたもっとも見事な果実の一つです。というのも、重さは（このテーマに関する考察において証明する予定ですが）本来の状態と場所にあるいかなる完全な物体にも存在せず、それゆえに、場所の本性や運動の在り方を区別するような差異は存在しないからです。加えて、同一の物は、同一の衝動と運動を持っていても、異なった環境においては、重くなったり軽くなったりすることを示しましょう。それはちょうど、同じ物が異なった環境において上や下にあり、上昇したり下降したりすると言われるようなものです。このことは、個別の物体と個別の世界に関することです。これらのうちのどれ一つとして重かったり軽かったりしません。しかし、それらの中の部分は、遠ざかったり拡張したりするときには軽いと呼ばれ、同一の場所へと戻るときには重いと呼ばれるのです。それはちょうど土や土の特性を持った物の断片がエーテル界へと上昇し、自らの全体に向かって下降すると言われるようなものなのです。しかし、宇宙と無限の物体に関して重さや軽さを言う人はいまだかつていたことがありません。これらの原理を措定して、自らの発言から、無限が重さや軽さを持ち、上昇したり登ったりすると推量するほど頭がおかしい人はいたことがありません。無限の物体のどれ一つとして重くないということをわれわれは示しましょう。実際、これらの特質は、諸部分が自らを保存する全体的場所へと向かう限りにおいて、諸部分に属するからです。それらは、宇宙に関するのではなく、それらを含む全体的な固有の諸世界に関するのです。例えば、地球においては、火の部分が解放されて太陽へと上昇しようとするとき、それに接続している乾燥した物や水の一部をつねに一緒に運ぶのですが、それらは上空で数を増して、固有の衝動によって自らの場所へと戻るのです。加えて、より大きな理由で、無限な宇宙では大きな物体が重さや軽さを持つことは不可能です。したがって、それらは周辺や中心に対する遠さや近さも持ちません。それゆえに、自らの場所にある地球は、それぞれに固有の場所にある太陽や土星や北斗星以上に重くはないのです。したがって、地球の諸部分が自らの「重さ」（諸部分の全体への衝動と旅人の故郷への衝動をこのように呼ぶとして）によって地球へと戻るように、他の物体の諸部分についても同様なのです。実際、地球やそれと似た状態の星々は無数にあり、太陽やそれと似た火も無数にあるのです。それらすべては、周辺の場所からそれらを含む場所（中心）へと動くのです。したがって、数において無数の重たい物体が存在することになるのです。だからといって、無限の重さが一つの基体の中に集中的に存在するのではなく、それは無数の基体の中に外延的に存在するのです。このことは、われわれの、そしてすべての古代哲学者たちの、発言から帰結することであり、この論者はそれに対していかなる議論も持たなかったのです。無限の重さが不可能であることについての彼の発言は、言及に値しないほど当たり前のことであり、いかなるしかたにおいても、他者を論駁し、自らの哲学を確証することになりません。それは、空気にばら撒かれたように虚しい提案であり、言葉なのです(36)。

エルピーノ　以上の理由から、この男の虚栄は明白であり、いかに弁論の技巧を尽くしても弁解の余地がありません。それでは、彼が、無限の物体は存在しないことを普遍的に結論づけるために付け加えた、以下の理由を聞いてください。彼はこう言っています。「それでは、個別の事物を検討する人たちにとって、無限の物体が存在しないことは明らかなので、このことが一般的に可能であるかどうか検討することにしよう。というのも、われわれのまわりの世界がこのような状態にあるとしても、それ以外の諸天においてそれが不可能であるとは言えないからである。しかし、このことを検討する前に、無限についての一般的な議論を行うとしよう。あらゆる物体は必然的に有限か無限でなければならない。似た部分から成り立っているか、似ていない部分から成り立っていなければならない。そして、有限な種類の部分から無限な種類の部分から成り立っていなければならない。しかし、前述したことを前提にする限り、無限な種類の部分から成り立つことは、不可能である。前述したこととは、われわれの世界に似た多くの世界があるということだ。なぜならば、われわれのまわりのこの世界の状態は、他のもののまわりの他の世界と似ており、他の諸天は存在するからである。実際、中心を巡る第一の運動が規定されているならば、第二の運動も規定されていなければならない。そして、われわれがすでに区別した五種類の物体のうち、二つは単純に重さないし軽さを持ち、二つはほどほどの重さないし軽さを持ち、一つは重さも軽さも持たず中心を巡って活発に動いているならば、その他の世界においても同様でなければならない。したがって、それらが無限な種類によって構成されていることは不可能である。また、それらが有限な種類によって構成されていることも不可能である」。そして、まず、似ていない有限な種類から構成されていないことを四つの理由によって証明するのです。第一の理由は、これらの無数の部分のそれぞれは水か火であり、その結果重たいか軽いかのどちらかであるが、このことが不可能であるということは、無限な重さも軽さも存在しないことから証明済みのことである、ということです(37)。

フィロテオ　この議論には、すでに十分に答えました。

エルピーノ　承知しています。彼が付け加える第二の議論は次のようなものです。すなわち、これらの種類のうちのどれもが無限でなければならず、その結果、各々の場所は無限でなければならない。このことから、各々の運動が無限であるということが結論づけられるが、それは不可能である。なぜならば、下降する物体が無限に下降することはありえないからである。このことは、すべての運動と変容において明白である。生成においては作りえないものを作ろうとしないように、場所的運動においては到着不可能な場所を求めることはない。そして、エジプトにあることが不可能なものは、エジプトへと向かうことはない。なぜならば、自然においてはいかなるものも無駄に働かないからである。したがって、到着できない場所へと物が動くことは不可能である(38)。

フィロテオ　このことについては、すでに十分に答えています。われわれの考えでは、無数の地球、無数の太陽、無数のエーテル、そして（デモクリトスとエピクロスの言い回しを使えば）無数の充満と空虚が存在し、互いに混じり合っているのです。異なった種類がそれぞれ無限に存在し、互いに内包したり、従属したりしています。これら無限の種類はすべて（無限なるものの無限の部分として）一つの無限の宇宙全体を構成しています。もっとも、この土（地球）に似た無数の土（地球）から現実に生じる無限の土（地球）は、唯一の連続体ではなく、これらの数えきれない土（地球）から成り立っているのです。物体の他の種類についても同様です。これらの種類が四つであるか、二つであるか、三つであるか、それ以外の任意の数であるかについて今は論じないことにします。これらは、無限なものの部分（それらを部分と呼べるとして）である以上、これほどの大きさから生ずる量からすると、無限である必要があるのです。ところで、重い物が下に向かって無限に進む必要はありません。そうではなくて、この重い物が自らの近くにある、本性にかなった場所へと行くように、それぞれが自らの場所へと行くのです。この土（地球）は自らに属する諸部分を持ち、別の土（地球）も自らに属する諸部分を持ちます。同様に、あの太陽は、自らから発散し、自らへと戻ろうとする諸部分を持ちます。そして、その他の物体も自然本性に従って自らの部分を集めるのです。物体の間の境界と距離は有限であるので、運動も有限です。ギリシャから出発して無限へと向かう人は誰一人いません。そうではなくて、その人はイタリアやエジプトへと向かうのです。同様に、地球や太陽から出発するものは、無限を目指すのではなく、有限な限界を目指すのです。それにもかかわらず、宇宙は無限であり、その物体はすべて変容しうるものです。その結果、すべての物体は、自らに固有のものを外へと送り、異質なものを内に受け取ることによって、自らから発散し、自らへと受け入れるのです。われわれの見解では、以下のことは不条理でも不都合でもなく、自然にかなった適宜なものです。すなわち、基体に生じうる変容は有限であり、土の小片はエーテルの領域を放浪し、無窮の空間を通って様々な物体とぶつかるのです。現にわれわれは、われわれのもとで同じ小片が場所や状態や形を変えるのを見ているではありませんか。それゆえに、この地球が永遠で永続的であるとすれば、その理由は、それが持つ同じ部分や同じ個体が持続するからではなく、それらの一部が拡散し他のものがその場所を引き継ぐという有為転変ゆえなのです。それはちょうど、魂と知性が同じものであり続ける中、肉体は変化と更新を繰り返すようなものです。動物が肉体を保持するのは、栄養を受け入れ、排泄物を排出することによってです。それゆえに、よく考えればわかることですが、若者は少年のときと同じ肉を持ちません。老人は若者の時とは同じ肉を持ちません。なぜならば、われわれは連続的な変容の中にあり、持続的に新しいアトムがわれわれの中に流入し、別の機会に受け入れたアトムがわれわれから出ていくからです。このようにして、種子のまわりには、さまざまなアトムが（それらを材料として受け入れる作業場を介して）一般的知性と魂の働きによって、（アトムの流入が流出よりも大きいときには）肉体を形成し、成長させるのです。そして、同じ肉体は、流出が流入と等しいときには、ある種の持続性を獲得します。そして、最後には、流出が流入を上回り、没落へと向かうのです。（ここで流出と流入と言うのは、絶対的な意味でではなく、生得の好都合なものの流出と外的で不都合なものの流入を言います。後者は、生命あるものとそうでないものとを連続的に流出する原理が弱まった場合には、克服できなくなるのです。）要するに、このような有為転変ゆえに、アトムである諸部分が無限の有為転変と変容を通じて、形においても場所においても、無限に走り、動くということは、不都合であるどころか、きわめて理にかなったことであると言えるのです。場所的移動や変化の定められた近接した終点として無限へと向かう物が存在するのは、不都合なことでしょう。このようなことはありえません。なぜならば、一つの物が一つの場所から動くや否や、それは別の場所にあり、一つの状態を失うや否や、それは別の状態にあり、一つの存在から離れるや否や、別の存在の元にあるからです。このことは、変化から必然的に生じます。変化は、必然的に、場所的移動から生じるからです。ですから、形を持つ近接した主体は有限なしかたでしか動くことはできません。というのも、それが場所を変えるときには、容易に別の形を受け入れるからです。形成可能な第一の基体は、空間においても形の数においても、無限に動きます。それに対して、質料の諸部分は、一つの場所や部分や全体から別の場所や部分や全体に出たり入ったりするのです。

エルピーノ　よくわかりました。アリストテレスは、第三の理由をこう付け加えています。「もしも分け隔たれて区別されたものとして無限を理解するならば、（それぞれが有限の）無数の個別の火が存在するだろう。その場合、すべての個体から生じる火は無限であるだろう」(39)。

フィロテオ　このことは、わたしがすでに認めたことです。そして、このことを知っていれば、アリストテレスは無理にそれに反対することはなかったでしょう。そこからは何の不都合も生じないのですから。というのも、もしも物体が場所において異なった諸部分に分割され、それらの中の一つが百の、もう一つが千、さらにもう一つが十の重さを持つならば、全部で千百十の重さになるでしょう。しかし、このことは、複数の区別された重さに則ってのことであり、連続的な一つの重さに則ってではありません。さて、異なった部分の中に無限の重さがあるということは、われわれにとっても、古代人にとっても、ちっとも不都合なことではありません。というのも、このことから生じるのは、論理的、ないし数論的、ないし幾何学的な重さであり、それらが真に自然において一つの重さをなすわけではないからです。それらは、有限な重さの無数の塊を形成こそすれ、一つの無限の塊を形成するわけではないのです。したがって、そこでは同じことではなく、まったく異なったことが言われ、想像され、存在するわけです。なぜならば、そこから帰結することは、一つの無限の物体という形態ではなく、無数に存在する有限の物体という形態なのです。したがって、一つの無限の重さがあるのではなく、有限な重さが無数あるのです。これらの無限（無数）は連続的なものではなく、区別されたものどもから成り立っているのですから。これらのものどもを内包する連続的な無限は、空間であり、場所であり、これらを受け入れることができる広がりなのです。したがって、一つの無限の重さを形成しない、無数の区別された重さが存在しても不都合ではありません。それはちょうど、一つの無限の水を形成しない無数の水や、一つの無限の土を形成しない無数の土塊が存在し、結果として、数においては無数の物体が存在するが、それらは自然においては無限の大きさの物体を組織しないようなものなのです。このことは大きな違いをなします。例えていうならば、船を牽引する場合、十人が力を合わせれば牽引されるのに、バラバラで自分のことしか考えない人たちが千人集まっても牽引されないようなものなのです。

エルピーノ　この発言やその他の発言によって、アリストテレスの第四の理由をあなたは徹頭徹尾解決なさいました。第四の理由によれば、無限の物体を理解しようとすると、それはすべての方向において無限でなければなりません。その結果、いかなる部分もその外部の何かであることはできません。したがって、無限の物体においては、その中のそれぞれが無限であるような複数の異なった物体は存在できないのです(40)。

フィロテオ　このことはすべて真実であり、われわれの考えに矛盾しません。一つの無限の中に複数の異なった有限者が存在することは、われわれが何度も主張したことです。そして、このことの根拠についてもわれわれは考察しました。これと類似した例を挙げると、液状の泥においてはつねにあらゆる部分において水と水、土と土は連続しており、複数の物が一つに繋がっています。しかし、土と水の最小の部分の集まりは感覚の対象になりえないために、それらを区別されたものの連続と言わずに、水や土ではなく、泥であるところの、一つの連続体と言うのです。そして、本当は水が水に、土が土に連続するのではなく、水が土に、土が水に連続すると、別の人が言っても構わないのです。さらに、第三の人は、これら二つの言い方を否定して、泥が泥に連続すると言うことができるのです。これらの理由によって、無限の宇宙は連続体として捉えることができます。その中で巨大な物体の間に置かれたエーテルは、泥の中で水と乾燥した土との間に置かれた空気のように、微小で感覚できないわずかな部分にしか関わらず、もはや区別できなくなるのです。それに対して、宇宙の大多数の部分は感覚可能であり、異なった正反対の運動可能な物体が不動の連続体の骨組みを作り出し、その中では正反対のものが一つのものを構成し、一つの秩序に属し、最終的には一つであるのです。二つの異なった無限を隣り合わせに置くことは、明らかに不都合で不可能でしょう。一方が終わる所にどのようにして他方が始まり、両者が互いに境界を持つかを想像することができないからです。それに加えて、一方の端に有限の物体があり、反対の端に無限の物体があるというのはきわめて困難なことなのです。

エルピーノ　アリストテレスは、似たような部分から成立する無限が存在できない、二つのさらなる理由を提示します。「第一の理由は、この物体は、無限の重さか、無限の軽さか、あるいは無限の回転のどれか一つを持たなければならないが、それがみな不可能であるということは、証明済みだからである」(41)。

フィロテオ　すでに明らかにしたように、これらの話と理由は虚しいものであり、無限は全体として動きません。そして、無限においても、自らの場所にある、その他のいかなる物体においても重さや軽さはありません。固有の場所からある程度遠ざけられた、分離した諸部分に関しても同様です。したがって、われわれの考えでは、無限の物体は、可能性においても、現実においても、動きません。可能性においても、現実においても、重くも軽くもありません。われわれの、そしてアリストテレスの論敵である人たち(彼らに対してアリストテレスは空中楼閣を建てたのです）の原則に従えば、それが無限の重さや軽さを持つことなどまったくありえないのです。

エルピーノ　このことから、第二の理由も同様に虚しいものになります。というのも、無限が、可能性においても、現実においても、動くと言ったことがない人に対して、アリストテレスは「無限の運動は自然のものなのか、強制されたものなのか」と虚しい問いを投げかけるからです(42)。ついで彼は、運動一般から導き出された理由から無限の物体は存在しないことを証明します。彼は、無限の物体は有限の物体に対して働きかけることも、それから働きを受けることもできないと言います。そして、その理由を三つ提示します。

（一）第一に、「無限者は有限者に作用することも、作用を受けることもない」(43)その理由は以下のものです。あらゆる運動、したがってあらゆる受動、は時間の中にあります。そうだとしたら、より小さな物体はそれに比例したしかたで作用を受けることができます。こうして、有限な受動者が有限な能動者に対して持つ比例関係は、有限な受動者が無限な能動者に対して持つ比例関係に類似したものになるでしょう。（しかし、それは不可能です。）それは以下の形で示すことができます。無限な物体をA、有限な物体をB、そしてあらゆる運動は時間の中にあるので、Aが動いたり動かされたりする時間をGとしましょう。次にBよりも小さな大きさの物体を取り上げ、それをDとしましょう。そして、それがHという別の物体に働きかけるとしましょう。そして、このことはGという同じ時間内でなされるとしましょう。ここから、より小さな能動的物体Dがより大きな能動的物体Bに対して持つ比例関係は、有限な受動的物体HがAの部分（それをAZとしましょう）に対して持つ比例関係と対応することがわかります。さて、第一項対第三項、第二項対第四項という具合に置き換えると[44]、DがHに対して持つ比例関係はBがAZに対して持つ比例関係と同じになります。そして、Bは、Gという同一の時間内で、有限なものと無限なものに働きかけることになります。つまり、無限なものの一部であるAZと無限であるAとに働きかけることになるのです。しかし、このことは不可能です。それゆえに、無限の物体は、能動者でも受動者でもあることができません。なぜならば、二つの同等の受動者は同一の能動者から同一の時間内に同等の作用を受けることになり、より少なく作用を受けるものがより少ない時間内に同一の能動者から受ける作用は、より多く作用を受けるものがより長い時間内に受ける作用と同じになるからです。加えて、同等の時間内に異なった能動者が存在し、活動するとき、能動者が能動者に対して持つ比例関係は、受動者が受動者に対して持つ比例関係に対応します。さらに、あらゆる能動者は有限な時間内で受動者に働きかけます。この場合の能動者とは、（移動の運動のみに当てはまるのですが）活動の目的に到達するもののことであり、連続的な運動に携わるものではありません。なぜならば、無限の時間内に有限の活動が存在することは不可能だからです。それゆえに、有限者が無限の中に完結された活動を持つことはできないことは、第一に明らかです。

A 無限な受動者
AZ（無限者の一部）
G 時間
B より大きな有限な能動者

H　有限な受動者　　　　Dより小さな有限な能動者

（二）第二に、同様のしかたで、「無限が有限なものに対して働きかけることができない」ことが示されます[45]。無限の能動者をA、有限の受動者をBとしましょう。そして、無限のAが有限のBに有限の時間Gの内に働きかけるとしましょう。さらに、同じ時間Gの内に、有限の物体DがBの一部であるBZに働きかけるとしましょう。疑いなく、受動者BZが受動者B全体に対して持つ比例関係は、能動者Dがもう一つの有限な能動者Hに対して持つ比例関係と同じになるでしょう。そして、能動者Dが受動者BZに対して持つ比例関係が変われば、能動者HがB全体に対して持つ比例関係も変わり、その結果、BがHによって動かされる時間はBZがDによって動かされる時間と同じ時間、すなわちG、になるでしょう。しかし、その時間の内に、Bは無限の能動者Aによって動かされているのですが、これは不可能です。不可能なわけは、先に述べたことによります。すなわち、もしも無限なものが有限な時間内で作用するとしたら、作用は時間の中にあってはならないのです。なぜならば、有限なものと無限なものとの間には比例関係は存在しないからです[46]。したがって、同一の受動者に対して同一の働きかけをする二つの異なった能動者を措定した場合、これらの働きかけは必然的に異なった時間内になければならず、これらの時間の間の比例関係は能動者の間の比例関係に対応するのです。しかし、一方が無限で他方が有限の二つの能動者が同一の働きかけを同一の受動者に対して行うと措定した場合、次の二つのうちどちらかを言う必要があるでしょう。すなわち、無限者の働きかけは一瞬のうちになされる、あるいは有限な能動者の働きかけは無限の時間の中でなされる、のどちらかです。しかし、どちらも不可能です。

G 時間

A 無限の能動者

H 有限の能動者

B 有限の受動者

D 有限の能動者

BZ（有限な受動者の一部）

(三) 第三に、「無限の物体は無限の物体に働きかけることはできない」ことが明らかにされます[47]。なぜならば、『自然学講義』[48]で言われているように、能動と受動は達成なしにはありえないからです。それゆえに、無限者に対する無限者の働きかけは達成されることがないことが証明されれば、両者の間に働きかけは存在しえないと結論づけることができるでしょう。それでは、二つの無限者を措定し、そのうちの一つBがGの時間内にAから働きかけを受けるとしましょう。なぜならば、有限の働きは必然的に有限の時間内にあるからです。さらに、受動者の部分であるBDがAの働きを受けるとしましょう。すると、このものの受動作用はGよりも短い時間内にある必要があります。この時間をZとしましょう。そうすると、ZがGに対して持つ比例関係は、無限の受動者の一部であるBDが無限のより大きな部分であるBに対して持つ比例関係と同様になるでしょう。この部分をBDHと呼ぶことにしましょう。それは、G時間内にAの働きかけを受けます。そして、同一の時間内に無限者B全体がAの作用を受けているのですが、このことは間違っています。なぜならば、一方が無限で他方が有限である二つの受動者が同一の能動者から同一の働きかけのもとに同一の時間内に働きかけを受けることは不可能だからです。それは、働きかける側が有限であろうと、あるいは（われわれが主張したように）無限であろうと同じことです。

有限の時間

G　　　Z

A　無限の能動者

無限の受動者

B　　　D　　　H

フィロテオ　アリストテレスが言うことはすべて、それがうまく応用され、都合よく結論に至るならば、立派な主張であると考えたいものです。しかしながら、（すでに述べたように）このような不都合を生み出すしかたで無限について語った哲学者は他にはいないのです。それにもかかわらず、われわれが彼の論証のしかたを吟味するのは、彼の主張に反論するためではなく（それはわれわれの主張に対立するものではないのですから）、彼の見解の重要度を吟味するためなのです。第一に、無限の諸部分を想定することで、彼は自然に反した基盤に立って議論を進めています。というのも、部分自体を無限とみなすことなしには、無限は部分を持つことができないからです。実際、無限に対して大小の比例関係を持つ大小の部分が無限の中に存在するのは不可能だからです。無限は、百の単位でも十の単位でも近づくことができるものではなく、無限の数は三の無限数でも百の無限数でもないからです。無限の広がりは、無限の一歩でも無限のマイルでもありません。ですから、無限の広がりの部分というときには、百マイルや千パラサンガとは言わないのです。実際、これらは、有限なものの部分でしかなく、有限なものに対して比例関係を持つのです。そして、これらは、それに対してこれらが比例関係を持ちえないものの部分ではなく、部分であると考えられるべきではないのです。したがって、千年は永遠の部分ではありません。なぜならば、千年は永遠全体に対して比例関係を持たないからです。そうではなくて、それは、一万年や十万年といった、時間の一定の尺度の部分なのです。

エルピーノ　それでは、次のことを理解させてください。無限の持続の部分とは何のことですか。

フィロテオ　持続の比例関係を持つ部分のことです。それらは、持続と時間の中では比例関係を持ちますが、無限の持続と無限の時間の中では比例関係を持ちません。なぜならば、この中では最大の時間、すなわち持続の中で比例関係を持つ最大の部分は、最小の部分と同等になるからです。というのも、そこにはもはや無数の世紀と無数の時間（単位）の区別はないからです。要するに、永遠であるところの無限の持続の中には時間（単位）と世紀の区別はもはや存在しないのです。その結果、無限の部分であると言われるものはどれも、無限の持続の中でも、無限の塊の中でも、このような形で無限なのです。この教説から、アリストテレスの落ち度が理解できます。彼は、無限なものの有限な諸部分をうかつにも前提としたのですから。また、数と同数の大小の無限が存在するのは不都合であるということを時間の永遠から導き出そうとした、幾人かの神学者の論理の欠陥もわかります。この教説によって、あなたは無数の迷路から逃れることができるのです。

エルピーノ　迷路とは、とりわけ、無限の歩（単位）や無限のマイルに関するわれわれの見解に対して、宇宙の無窮の中により大きな無限とより小さな無限を作り出そうとする難題のことですね。お話を続けてください。

フィロテオ　第二に、アリストテレスの推量は証明になっていません[49]。宇宙が無限であり、その中に（それに、とは言いません。なぜならば、無限の中の諸部分と無限の諸部分とは別のことだからです）無数の諸部分が存在し、それらはすべて働きかけたり、働きかけられたりし、その結果、それらの間には相互の変化が存在するとしましょう。このことから、アリストテレスは、一）無限者は有限者の中で働くか有限者から働きかけを受ける、あるいは二）無限者は無限者の中で働き、変化を与える、のいずれかである、と推量するのです。しかし、われわれの主張は、この推量は、論理的には正しくても、自然においては通用しないということなのです。理論的には、能動的な無限の諸部分と受動的な無限の諸部分があり、それらは正反対である、と言うことができます。しかし、自然においては（これらの部分は分断され、別れており、後述するように特定の限界によって隔たっているので）無限者が能動的かつ受動的であるのではなく、無限者の中には能動や受動を持つ無数の諸部分が存在すると言わざるをえないのです。それゆえに、次の結論が出ます。すなわち、無限者は動的でも可変的でもなく、その中には無数の動的なものと可変的なものが存在するのです。また、有限者が無限者から働きかけられるのではなく、無限者が有限者から働きかけられるのでもありません。また、無限者が無限者から物理的・自然的な無限性に即して、働きかけられるのでもありません。そうではなくて、働きかけがあるとしたらそれは、論理的・合理的な集合体から生じる無限性に即してのことなのですが、この集合体においてはすべての重量は(それらは一つでないにもかかわらず)一つの重量へと換算されるのです。それゆえに、無限者は全体が不動、不変、不朽であり、その中に無数の完全で完結した運動と変化が存在可能で、現に存在しているのです。このことに加えて、以下のことを考えてください。すなわち、二つの無限の物体が存在し、それらが互いに限定し合っているとしても、アリストテレスがそこから導き出した、「能動と受動は無限である」という必然的な帰結は生じないのです。なぜならば、これら二つの物体のうち一方が他方に対して働きかけるとしても、それはその広がりと大きさ全体に即して働きかけるわけではないからです。というのも、広がり全体に即してでも、広がりのすべての部分に即してでも、一方が他方の隣にあり、近接し、結合し、連続するわけではないからです。AとBという二つの無限の物体が存在し、それらがともにFGという線ないし面において連続ないし接続しているとしましょう。その場合、一方が他方に対してすべての部分において働きかけることはけっしてないでしょう。なぜならば、一方が他方に対してすべての部分において隣接しているわけではないからです。連続は、特定の有限な境界におけるものだからです。加えて、この面と線とが無限であると仮定したとしても、そこで接合している二つの物体が無限の能動と受動の原因になるという帰結にはなりません。なぜならば、これら能動と受動は内へと向かうのではなく、外へと広がるからです。それはちょうど部分が外へと広がるようなものなのです。それゆえに、無限者はいかなる部分においても自らの全能力において働くのではなく、諸部分に別れて外延的に働くのです。

例えば、互いに変化しうる二つの正反対の物体の諸部分がAと1、Bと2、Cと3、Dと4のように隣接しており、このようなしかたで無限に続くとしましょう。あなたはそこに内に向かって無限な活動を見出すことはできないでしょう。というのも、これら二つの物体の諸部分は特定の決められた距離しか変化できず、Mと10、Nと20、Oと30、Pと40は変化に適していないからです。それゆえに、二つの無限の物体を指定したとしても、無限の活動が生じるわけではないのです。加えて、たとえこれら二つの物体の一方が他方に対して、強度において無限な働きかけをし、全力を出し切るとしても、そこからいかなる能動も受動も生じません。なぜならば、一方が他方に対して、抵抗することも、働きかけることもできず、そこからいかなる変化も生じないからです。ですから、正反対の無限者が向かい合っても、有限な変化が生じるか、あるいは全く何も生じないかなのです。

エルピーノ　それでは、地球が冷たい物体であり、数えられないすべての星々と無窮の天が火であるといったように、有限なものと無限なものが対立するとしたら、あなたはどうおっしゃるのでしょうか。アリストテレスが言ったように、有限なものが無限なものに吸収されるとお思いですか(50)。

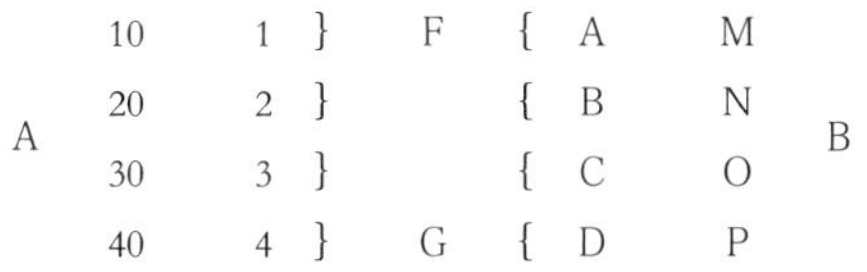

フィロテオ　疑いなく否です。このことは、すでに言われたことから推測できます。物体の力が無限の物体へと広げられたとしても、有限な物体に対して無限の勢力をもって働きかけるわけではありません。そうではなくて、それは、有限で、一定の距離を置いて離れている諸部分へと広がる勢力をもって働きかけるのです。というのは、働きは、すべての部分ではなく、近接した部分にのみ関わるからです。このことは、先に示したことからも明らかです。AとBという二つの無限の物体があるとしましょう。それらが互いに変化をもたらすのは、10、20、30、40とM、N、O、Pとの間の距離においてのみです。そこで物体Bが無限に増大し、物体Aが有限であり続けるとしても、働きがより大きくなり、勢力を増すわけではありません。それゆえに、正反対のものが二つ向い合ったとしても、そこから生じるものはつねに有限の活動であり、有限の変化なのです。このことは、両者の一方が無限で他方が有限な場合も、両者が共に無限の場合も変わりません。

エルピーノ　たいそう納得がいきました。結果として、天の外には無限の物体は存在しないことを証明するためにアリストテレスが持ち出した以下の救済策を取り上げる必要がなくなりました。それは、「場所の中にあるあらゆる物体は感覚的である。しかし、天の外には感覚的な物体は存在しない。よって、そこには場所は存在しない」[51]「感覚的なあらゆる物体は場所の中にある。天の外には場所は存在しない。したがって、そこには物体は存在しない。それどころか、そこには外部は存在しない。なぜならば、外部とは、場所、それも感覚的な場所、の差異であり、（ある人が主張するような）霊的で可知的な物体の差異ではないからである。それゆえに、感覚的なものは有限であると言うことができよう」[52]といった議論のことです。

フィロテオ　わたしの理解によれば、天のこの想像上の縁《ふち》の外には、エーテル状の領域と諸々の世界・星・大地・太陽がつねに存在します。そして、それらは、自らにおいては、あるいはそれらの内や近くにあるものたちにとっては、絶対に感覚可能です。しかし、われわれにとっては遠く隔たっているために、感覚できないのです。この点に関して、想像上の円周の外側には物体が感覚できないという理由で、いかなる物体もそこに存在しないと主張する人〔アリストテレス〕が、いかなる基盤の上に立っているかを考えてみてください。彼の思考は、第八の天圏の外には物体は存在しないという主張で停止しているのですが、彼の時代の天文学者たちはその外側に別の天があることを理解しなかったのです。そして、彼らは、地球を回る世界の見かけの上での回転を、すべての上にある第一動者とつねに関係させました。そして、このような基盤をもとに、天圏を無際限に積み重ねたのです。そして、星がないがゆえに物体のない天圏を見出すに至ったのです。しかし、天文学者たちのいくつかの仮説と空想はこの考えを弾劾しています。そしてこの考えは、より多く理解する人たちによっても弾劾されています。というのも、第八の天圏の部分に見える諸物体が地球から隔たる距離の大小は、他の七つの天圏の諸物体が地球から隔たる距離の大小と異なっているわけではないからです。というのも、地球を固定するという誤った仮定に依拠する場合にしか、〔地球からの〕距離の等しさについて語ることはできないからです。結局、すべての自然がこの主張に反対し、あらゆる理性が抗議し、あらゆる秩序づけられた知性がそれを弾劾するのです。それをどう理解しようとも、われわれの感覚の接触が終了するところで宇宙も限界に達して終わるという主張は、あらゆる理性に反しているのです。なぜならば、感覚は物体の存在を推論する原因になるとしても、感覚の不在は、物体の不在を推論するに十分ではなく、軽微な疑いすら提供しえないのです。というのも、感覚の不在は、感覚的能力の欠陥によるものであり、感覚可能な対象の不在によるものでないこともあるからです。実際、もしも真理がこのような感覚可能性に依拠しているならば、互いに近接したり接続したりしている諸物体は実際にそのようなものであるはずです。しかしながら、天において小さく見え、大きさにおいて四番目や五番目の星が、二番目ないし一番目の星よりも大きいと、われわれは判断しています。感覚がこの判断において誤るのは、より大きな距離の理由を認識することができないからです。それに対して、われわれは、地球の運動を認識しているおかげで、これらの諸世界がこの世界から等距離にあるのでも、〔天動説における〕導円（deferente）にあるのでもないことをわきまえているのです。

エルピーノ　要するに、あなたの主張は以下のものなのですね。——すなわち、星々は同じ丸天井に埋め込まれているわけではない。こんなことは、子供が想像するような不適切な事態なのだから。子供は、もしも星々が天の舞台や薄い膜に性能の良い糊で貼り付けられていたり、丈夫な鋲で打ち付けられていたりしなければ、近くの空から雹が落ちるように、それらはわれわれの上に落ちてくると恐れているのだ。また、これら他の多くの地球や広大な物体はエーテル状の圏域に自らの領域と距離を保ち、このことはこの地球と変わらない。この地球は、自らの回転によって、すべての天体が繋がって自らのまわりを回ると見えるようにするのだが。加えて、第八と第九の天圏の外に精神的な物体が存在するのを認める必要はない。そうではなくて、地球や月や太陽のまわりのこの同じ空気がこれらのものを含むように、これらの無限の星々や巨大な動物たち〔星々の言い換え〕

を含む無限の大気が存在し、この大気は共通の普遍的な場所であり、それは無限宇宙全体の中ですべてを包み込む無限の母胎のようなものである。ちょうど巨大な多くのランプを通じてわれわれに感覚可能な宇宙において、大気がそうであるように。さらに、大気の連続的な物体〔天圏〕が回転運動をするのでも、地球や月やその他の星々を動かすのでもない。これらの星々は、自らに固有の魂によって自らの空間の中で運動する。これらの固有な運動以外にも、それらの星々は、地球の運動によって生じる見せかけの運動を持っているし、それに加えて、運動する物体〔天圏〕に接続されているように見える、星々に固有の運動も持っている。われわれがその中に住み、その運動を感覚できない、この星〔地球〕の様々な差異によって、これらの見せかけの運動は生じるのである。結果として、大気とエーテル状の領域は、縮減と増大以外に運動を持たないのである。これらの縮減と増大が必要になるのは、堅固な諸物体〔天体〕のいくつかが他のもののまわりを回転する際にそれを通って移動するためなのである。その際、この霊的な物体〔大気ないしエーテル状の領域〕はすべてを満たしていなければならない。――このように、あなたはお考えなのですね。

フィロテオ　その通りです。それに加えて、わたしは以下のことも主張します。すなわち、この無限にして無窮なるものは、特定の形を持たず、外部のものに対する感覚も持たないにもかかわらず、生き物なのです。というのも、それは自らの内において魂全体であり、魂を持つもの全体を含み、魂を持つもの全体であるからです。このことに加えて、二つの無限者のいかなる不都合も生じません。というのも、世界は生命体なので、その中には無限の動因と運動の無限の基体が――先に言ったように、区別されたしかたで――存在するからです。実際、連続的な宇宙の全体は不動であり、中心を巡る回転運動も、中心から中心への直線運動も持たないのです。それには、中心も端もないのですから。さらに、軽重の運動は、無限の物体にふさわしくないだけでなく、その中にある全体的で完全な諸物体にも、またこれらの諸物体のどれかに属する部分にもふさわしくありません。というのも、この部分は自らの場所にあり、それにとって自然な状態を享受しているからです。もう一度繰り返しますと、いかなるものも絶対的に重かったり軽かったりするのではなく、その違いは他者に関連したものなのです。つまり、分散した諸部分がそこへと戻り、集合する、場所に関連したものなのです。宇宙の無限の塊についての今日の考察は、これで十分でしょう。明日は、宇宙の中の無限の諸世界について話すために、ここでお会いしましょう。

エルピーノ　今日教わったことから、もう一つの教えも理解できると思います。けれども、その他の特殊で傾聴に値する事柄のために、明日また参ります。

フラカストリオ　そしてわたしは、ただ話を聞きに来ることにします。

ブルキオ　わたしは、少しずつ理解を深めているので、あなたのことが真実らしく、おそらくは真実であると、徐々に思うようになりました。

第二対話終了

フィロテオ　それゆえに、天は一つです。無窮の空間、母胎、普遍的包摂者、エーテル状の領域（それを通じて、万物は巡り、動くのですが）は一つです。そこでは、無数の星や天体や球体や太陽や地球が感覚によって見られ、それらは無限のものであると理性によって推論されるのです。無窮にして無限の宇宙は、このような空間とその中に含まれている多くの物体から成り立っているのです。

エルピーノ　それでは、そこには凹凸状の表面を持つ天圏もなければ、導円もなく、すべては全体的な領域であり、一般的な容器なのですね。

フィロテオ　その通りです。

エルピーノ　異なった天が存在するという想像を生み出したのは、天体の異なった運動に関する次の事実です。すなわち、星々で満たされた天が地球のまわりを回る際に、これらの輝く物体のどれ一つとして、いかなるしかたにおいても、別の星から遠ざかることがないのです。そうではなくて、これらの星々は同一の距離と関係をつねに保ちつつ、ある種の秩序をもって一緒に地球のまわりを回るのですが、そのしかたは、無数の鏡が釘で打ち付けられた車輪が自らの車軸のまわりを回るしかたと変わらないのです。したがって、「これらの輝く物体には、鳥が大気を通って飛ぶことができるような固有の運動がないということは、目で見るように明白である」と思われたのです。そして、「これらの運動は、輝く物体が接合されている球体の回転によってなされるが、この回転は知性を持った神的存在の手によるものである」と思われたのです。

フィロテオ　一般的にはそう信じられていますね。しかし、以下のことを理解するならば、この見解が誤っていることは明らかになるでしょう。すなわち、われわれの世界であるこの星〔地球〕は、いかなる球体に接続されることなしに、自らの魂と本性という内的原理に動かされて、共通の広大な空間を通って、太陽のまわりを駆け巡り、自らの中心のまわりを回転しているのです。そうであるならば、自然物の真なる諸原理を理解するための扉が開かれることでしょう。そして、われわれは、真理の広場を颯爽と駆け巡ることができるでしょう。この真理は、多くの汚らわしい、獣的な想像に覆われて、現在に至るまで隠されていたのです。この被害は、古代の知者たちの昼に畏れ知らずの詭弁家たちの夜の暗闇が続いた、後の時代と情勢によってもたらされたのです。

天の中や下に見えるものはすべて

とどまらず、巡り、回る。
すべては駆け巡る。上へ、下へ
長時間、あるいは短時間で、
重いものも、軽いものも。
おそらく、同じペースで、
同じ地点へと。
到着するまで、すべては駆け巡る。

あたかも水が渦をなし、
同じ部分が
上から下へ、下から上へ行くように、
同じ混乱が
すべてに同じ巡り合わせを与える。

エルピーノ　星々を運ぶ天圏とか、火を運ぶ天圏とか、回転軸とか、導円とか、周転円の働きとか、その他の奇妙奇天烈なものどもに関する空想は、疑いなく、「この地球は宇宙の中心にあり、それだけが不動で固定されており、万物はそのまわりを回る」という想像から生じたのです。

フィロテオ　同じことは、月やその他の星々に住む者たちにも当てはまります。これらの星々はこの同じ空間の中にあり、どれもが地球や月なのですから。

エルピーノ　それでは、「地球は自らの運動によって昼夜の運動の原因となり、この種の運動の様々な差異によって、無数の星々に同じように適合するすべての運動の原因である」と仮定することにしましょう。そうすると、われわれに残されたことは、「月（それはもう一つの地球です）は、自らの運動によって大気を通って太陽のまわりを動く」と主張することです。同様に、金星も水星もその他の（別の地球である）星々も、同じ生命の父〔太陽〕のまわりを駆け巡るのです。

フィロテオ　その通りです。

エルピーノ　世界の運動と呼ばれているもの以外にも、各々の星には固有の運動があるのをわれわれは見ることができます。そして、「固定されている」と呼ばれている恒星にも固有の運動があります。（そして、これら二つの運動のどちらも地球に関連づけられなければならないのです。）これらの固有の運動には、物体と同じ数の差異が存在します。結果として、これらの天体は、それらすべての運動を見た場合、同じ秩序と速度に還元されることはけっしてないのです。それらがいかなる変化も示さないのは、それらがわれわれから遠く離れているからです。これらの天体は、太陽の火のまわりを回り、生命の熱を分かち持つために自らの中心のまわりを回転するのですが、それらが接近したり遠ざかったりする際の差異は、われわれによって理解されないのです。

フィロテオ　その通りです。

エルピーノ　したがって、太陽は無数であり、これらの太陽のまわりを回る地球も無数です。それは、われわれの近くの太陽のまわりを七つの天体が回るようなものなのです。

フィロテオ　その通りです。

エルピーノ　それではなぜ（太陽であるところの）その他の灯りのまわりを（地球であるところの）別の灯りが回るのを、われわれは見ることがないのでしょうか。むしろ、先述した七つの天体を超えた場所に、われわれはいかなる運動も捉えることができないのです。そして、他のすべての世界物体は（彗星と呼ばれているものを除いて）つねに同じ状態と距離で見られるのです。

フィロテオ　その理由は、われわれはより大きな、それどころかもっとも大きい物体であるところの諸々の太陽を見るのですが、諸々の地球を見ることができないからです。これらの地球は、はるかに小さな物体であるために、見えないのです。実際、この太陽のまわりを動く他の諸地球が存在しても、それらが見えないということだって考えられるのです。その理由は、より大きな距離だったり、より小さな大きさだったり、あるいは水の表面（それは水晶の鏡のように光線を集めることで、見えるようになるのですが）を持たないためだったり、そのような表面が、太陽の光を受けつつ、われわれに向けられていないためだったりするかもしれないのです。ですから、太陽とわれわれの視線の間に月が入り込むことなしに、何らかのしかたで日食が生じるのをわれわれがたびたび見るとしても、驚くべきことでも、自然に反したことでもありません。目に見えるものの他にも、無数の水状の灯り(すなわち、海によって構成されている諸地球)が太陽のまわりを回っているかもしれないからです。しかし、これらの回転の差異は、大きな距離ゆえに感覚できません。したがって、土星の上や向こう側に見ることができる星々の中に含まれる極めて緩慢な運動において、それぞれの運動の差異を見ることはできません。同様のことは、地球を中心に置こうとも、あるいは太陽を中心に置こうとも、中心を回るすべての運動についても言えます。

エルピーノ 中心にある太陽からたいそう隔たっているにもかかわらず、それらがすべて太陽の生命熱を理にかなったしかたで分かち持つことができるのはどうしてでしょうか。

フィロテオ それらは遠ければ遠いほど、より大きな円周を作ります。より大きな円周を作るほど、よりゆっくりと太陽のまわりを回ります。そして、動きが遅いほど、太陽の熱と火の光線を受け止めることになるのです。

エルピーノ あなたのおっしゃりたいことは、これらの物体は、太陽から遠く離れているにもかかわらず、必要以上の熱を分け与えられるということですね。その理由は、これらの物体は急速に自転し、太陽のまわりをゆっくりと回転することで、必要以上の熱を分け与えられるからです。実際、急速に自転することで、十分に温められなかった、地球の凸状の部分は直ちに元の状態に戻り、太陽の火を中心としてそのまわりをゆっくりと動くことで、太陽の影響をより強く受け、その燃える光線をより強く受けることになるのです。

フィロテオ その通りです。

エルピーノ それでは、土星の彼方にある星々が、そう見えるだけでなく、実際に不動であるならば、それらは、多かれ少なかれわれわれにとって感覚可能な無数の太陽ないし火であり、それらのまわりを近くにある諸地球(それらをわれわれは見ることができませんが)が動いている、とあなたはおっしゃりたいのですね。

フィロテオ　そのように言うべきでしょう。すべての地球とすべての太陽に同じ理論が適合するべきですから。

エルピーノ　それでは、これらの星々はすべて太陽であるとお考えですか。

フィロテオ　いいえ。なぜならば、それらのすべてか大部分が不動であるか、あるいはそれらの中の幾つかが別のもののまわりを回るかは、わからないからです。というのも、それを観察した人はいないだけでなく、観察することと自体容易ではないからです。それはちょうど、遠く離れているものの運動と進行を見るのが難しいのと同じです。それを見ることは、大波の中に船を見るように困難だからです。しかし、それがどうであれ、宇宙は無限なので、結局のところ複数の太陽が存在する必要があるでしょう。というのも、一つの太陽の熱と光が無窮の空間に広がるということは不可能だからです。もっともエピクロスは(他の人々の報告が真であるならば)[53]このように考えていたのですが。それゆえに、太陽は無数でなければなりません。これらの太陽の中の多くは、われわれにとっては小さな物体の形で目に見えます。しかし、われわれにとって大きなものよりもはるかに大きな星が、われわれには小さく見えているのです。

エルピーノ　このことはすべて、少なくとも可能であり適切であると判断されるべきです。

フィロテオ　そして、これらの太陽のまわりを、この地球よりももっと大きな、あるいはもっと小さな諸地球が回転している可能性があるのです。

エルピーノ　どのようにして違いを見分けるのですか。火と地球をどのように区別するのですか。

フィロテオ　第一に、火は固定されており、地球は動きます。第二に、火はキラキラし、地球はしません。これらの印のうち、第二のもののほうが感覚可能です。

エルピーノ　キラキラするように見えるのは、われわれから遠いからだという人たちがいます。

フィロテオ　もしもそうだとしたら、太陽が他のすべての星々よりも光ることはないでしょう。そして、遠くにある小さな天体が近くにある大きな天体よりもキラキラすることでしょう。

エルピーノ　火の特質を持った世界には、水の特質を持った世界と同じように、生き物が住んでいるとお思いですか。

フィロテオ　それを妨げるものはありません。

エルピーノ　しかし、火の中にいかなる生物が住むことができるのですか。

フィロテオ　これらの世界が似たような部分からなる物体だと思わないでください。というのも、もしもそうならば、それらは世界ではなく、空虚で不毛な塊になるからです。したがって、これらに異なった部分があるのは、適切にして自然なことなのです。それは、この地球やその他の地球が固有の部分を持っているのと変わりません。もっとも、地球の場合は輝く水として感覚可能であるのに、太陽は光る炎として感覚可能なのですが。

エルピーノ　堅固さに関しては、太陽に近接した質料は地球に近接した質料と変わらないとお思いですか。（万物の第一質料が一つであるということを、あなたが疑っていないことはわかっています。）

フィロテオ　その通りです。ティマイオスはこのように理解し、プラトンはこのことを確言し、すべての真の哲学者たちはこのことを知っていました。しかし、それを説明したのはわずかな人たちにすぎず、われわれの時代には誰一人として理解に達せず、それどころか多くの人たちが数多くのしかたで理解を妨げたのです。このことは、習俗の乱れと原理の欠如ゆえに生じたのです。

エルピーノ　クザーヌスの『学識ある無知』は、この種の理解に到達こそしていませんが、かなり近づいているように思われます。地球の諸条件について語るときに、彼は次のように言っています。「暗さや黒色から、地球が卑しく、他の星々以上に俗なものであると考えてはならない。なぜならば、もしもわれわれが太陽の住民であるとしたら、太陽を取り巻くこの領域〔地球〕から見えるような明るさは見えないだろうからだ。それに加えて、現在でも、もしも太陽をじっくりと観察するならば、太陽の中心に向かって土のようなもの、あるいは湿った雲のような物体があり、それらが明るい輝きを周辺から囲んでいることを発見するだろう。したがって、太陽は、地球に劣らず、自らの諸元素によって成り立っているのである」(54)。

フィロテオ　ここまで、彼は神のように語っています。それに付け加えられていることを引用してください。

エルピーノ　付け加えられていることから、この地球はもう一つの太陽であり、すべての天体が同様に太陽であるということが理解できます。彼は次のように言っています。「もしも誰かが火の領域の外にいるならば、その人はこの地球を、その領域の周辺部において火によって輝く星として見ることだろう。それはちょうど、太陽の領域の周辺部にいるわれわれにとって太陽が輝いて見えるのと同じである。月が同じように輝いて見えない理由は、われわれが月の周辺部において、より中央の、あるいは（彼が言うように）より中心の部分に向かった位置、すなわち湿った水状の領域に存在するからであろう。このことによって、月が自らの光を持っているとしても、それはそのように見えることはないのである。われわれがそこに見るものは、水状の表面において太陽の光の反射によって引き起こされたものだけなのである」。

フィロテオ　この優れた人は、多くを認識し、知っていました。彼は、本当に、この大気の下で生きたもっとも卓越した人たちのひとりです。しかし、真理の把握に関しては、彼は、高くなったかと思うと低くなる、嵐の中の潮流を泳ぐ人のようでした。というのも、彼は、日の光を持続的に、覆いなしに、はっきりと見ていたわけではなく、平らで静かな海面を泳がずに、中断や間隙に悩まされていたからです。その理由は、彼は、自らの出発点となった共有された教説のすべての誤った原理を回避することができなかったからです。その結果、『学識ある無知』ないし『無知なる学識』という彼の本の題名は、彼の努力に対する正当な名称なのです。

エルピーノ　彼が回避できず、回避するべきだった原理とは何でしょうか。

フィロテオ　火の元素が、空気のように、天の運動によって摩滅され、火は繊細な物体である、という原理です。この原理は、現実と真理に矛盾しています。このことは、われわれが考察する命題と論述において明らかになるでしょう。それゆえに、以下の結論が導き出されます。すなわち、熱い物体にも、冷たい物体にも、一つの堅固で持続的な質料的原理が存在する必要があるのです。そして、エーテル状の領域は、火から成り立つのでも、それ自体が火であるのでもなく、太陽という近くの堅固で濃密な物体のおかげで火を帯びているのです。したがって、自然に則って語ることができるところでは、数学的空想に頼る必要はありません。われわれは、地球のすべての部分がそれ自体としては光っていないことを知っています。しかし、それらの部分のいくつかは、他のものを通じて輝くことができることも知っています。例えば、地球の水や水蒸気は、太陽の熱と光を受け入れ、それらを周辺の領域に移動させることができるのです。それゆえに、それ自体として輝き、熱い、第一の物体が存在する必要があります。そして、そのような物体は、恒常的で高密度のものでなければなりません。なぜならば、希薄な物体は光や熱を受け入れることができないからです。このことに関しては、別の機会に示したとおりです。したがって、結局のところ、二つの正反対の第一の能動的性質という二つの基盤が同様のしかたで恒常的に存在する必要があります。そして、太陽は、明るく熱い部分においては、石ないしは火を帯びた堅固な金属のようでなければなりません。ここで金属と言うのは、鉛や青銅や金や銀のように溶解しうるものではなく、溶解しえない金属であり、火を帯びた鉄ではなく、それ自体が火である鉄のことを言うのです。そして、われわれが住むこの天体〔地球〕がそれ自体としては冷たく暗く、太陽に温められない限りは、熱と光を分ち持たないように、太陽はそれ自体として熱く光り輝き、それを取り巻く物体によって冷やされない限りは、冷たさや暗さを分かち持たないのです。しかし、地球が自らのうちに火の部分を持つように、太陽は自らのうちに水の部分を持っているのです。そして、このもっとも冷たい物体（第一の冷と暗）の中に太陽の熱と光によって生きているものが存在するように、あのもっとも熱く明るい物体の中にもそれを取り巻く冷たさに冷やされて生きているものも存在するのです。そして、地球がその異なった諸部分において分有を通じて熱いように、太陽はその諸部分においては分有を通じて冷えているのです。

エルピーノ 光については、なんとおっしゃりますか。

フィロテオ 太陽は太陽に対しては光らず、地球は地球に対しては光りません。いかなる物体もそれ自体において光りません。そうではなくて、あらゆる光体は自らを取り巻く空間の中で光るのです。それゆえに、地球が、その水晶状の表面における太陽の光線を通じて、どれほど輝いているとしても、その光は、われわれにも、地表にいる他の者たちにも、見えず、地球と反対の位置にいる者たちに見えるのです。同様に、海面全体が夜には月の輝きによって照明されているとしても、この照明は、海を渡って航海する者たちには、月に向いた特定の空間においてしか見えないのです。もしも彼らが海上の大気に向かって上昇することができたならば、光の領域は彼らにとって増大し、そのより大きな空間を見ることになるでしょう。したがって、たやすく以下の結論が導き出されます。すなわち、光る天体や光を当てられた天体の中にいる者たちは、自らの天体の光を感覚することができず、周囲の光を感覚することができるのです。それはちょうど、共通の同じ場所の中で、特定の場所がそれとは異なった特定の場所から光を得るようなものなのです。

エルピーノ それでは、太陽に住む者たちにとって、太陽が昼を作るのではなく、周囲にある別の星が昼を作るとおっしゃりたいのですか。

フィロテオ そうです。このことがわかりませんか。

エルピーノ 別のしかたでは考えられないでしょう。それに続いて、別の考察が生じます。光体には二種類あります。一つの種類は火からできており、一次的に光っています。もう一つの種類は水や水晶からできており、二次的に光っています。

フィロテオ　そのとおりです。

エルピーノ　したがって、光の理由として別の原理に言及する必要はないのです。

フィロテオ　われわれが光の別の基盤を知らない以上、別のしかたではありえないでしょう。経験自体が教えてくれるのに、虚しい空想に頼るべきではないのです。

エルピーノ　たしかに、これらの光体が、木材の腐敗、魚の鱗やネバネバ、あるいは蛍の脆弱な背中といった不確かな偶有性のおかげで光っていると考えるべきではありません。これらが光る理由については、別の機会に話すことにしましょう。

フィロテオ　お望みのようにしてください。

エルピーノ　したがって、周囲の光る物体は第五元素（われわれの近くにある実体とは正反対の神的で物体的な実体）であると彼らが言うのは、誤謬でしかないのです。それはまるで、遠くから光が見えるロウソクや水晶について、このように話すのと変わらないのです。

フィロテオ　たしかにそうですね。

フラカストリオ　このことは、われわれのすべての感覚や理性や知性に合致しています。

ブルキオ　わたしの場合は、そうではありません。あなたの証明は、甘美な詭弁にしか見えないのですから。

フィロテオ　フラカストリオさん、彼に答えてください。わたしとエルピーノはたくさん話したので、あなたの話を聞きたいと思っています。

フラカストリオ　親愛なるブルキオさん。わたしは、あなたをアリストテレスの立場に置き、わたし自身は無学にして野卑な人間の立場に置くことにします。この人は、何も知らないことを認め、フィロテオさんが語り、理解していることも、アリストテレスや全世界が理解していることも、何一つ理解していないとしましょう。わたしは、大衆を信じ、ペリパトス派の権威の名声を信じ、数えきれないほどの大衆とともに、この「自然の神霊」の神性に感嘆しているとしましょう。それゆえに、わたしは、真理について教えられ、あなたが詭弁家と呼ぶ人の説得から自由になるために、あなたのもとに来ているとしましょう。そこで、質問です。いかなる理由で、あなたはこれらの天体とわれわれのそばにあるこれらの物体との間には、最大の、あるいは単に大きな、あるいは何らかの相違があるとおっしゃるのでしょうか。

ブルキオ　一方は神的で、他方は物質的だからです。

フラカストリオ　天体がより神的である理由は何ですか。

ブルキオ　天体は、われわれの近くの物体とは反対に、変化も変容も破滅も受け入れないからです。それらの運動は、円を描き、まったく完璧です、われわれの近くの物体の運動は直線的です。

フラカストリオ　あなたは、この唯一の物体〔地球〕——それをあなたは三つないし四つの物体〔元素〕としており、これらの物体が同じ複合体の部分にすぎないことを理解していないのですが——が他の動く天体のようには運動しないと判断されていますが、本当に熟考を重ねた上での判断なのですか。実際、他の天体の運動は、われわれがそれらから遠く離れているがゆえに、感覚できません。そして、地球は、動くとしても、感覚できないのです。なぜならば、古代と現代の自然の卓越した観察者たちが見事に指摘し、経験が数多くのしかたでわれわれに意味を明らかにしたように、われわれが運動を知覚できるのは、何らかの固定された物とのある種の比較と関係付けによるからです。というのも、水が流れていることを知らず、かつまた岸を見ない人は、水流の中を船で進みながらも、船の動きを感じないからです。このことから、この静止と固定について、わたしは疑いを持つことになりかねないのです。そして、以下のことを考えることができます。すなわち、もしもわたしが太陽や月やその他の星々の中にいるとしたら、自分がいつも不動な世界の中心にいると思うようになるのです。そして、周辺にあるものはすべてそのまわりを回転し、わたしがいる物体は自らの中心のまわりを動いているように見えるのです。それゆえに、わたしは運動するものと静止しているものとの相違に確信を持つことができないのです。

あなたが言う直線運動に関しては、疑いなく、われわれはこの物体が直線運動をしているのを見ませんし、他の物体についても同様です。地球は、動くとはいえ、他の星々と同様、円を描いて動くのです。このことは、ヘゲシウスやプラトンやその他すべての賢人たちが言ったことであり、アリストテレスや他の人たちも認めざるをえないことなのです。そして、この地球は、少なくとも全体としては、上昇したり下降したりするのを見られることはありません。上昇と下降が見られるのは、一部の部分に関してのみであり、それらは、それにもかかわらず、われわれの近くにあり、われわれの地球の部分とみなされるのです。それはちょうど、排泄したり、新しい物質を摂取したりする動物が、ある種の変容と革新を経験しているようなものなのです。たとえこのことすべてが同じように他の星々に起きるとしても、それがすべてわれわれに見えると考えるのは理にかなっていません。というのも、他の星における蒸気の上昇と発散、風や雨や雪や雷や不毛や豊穣や洪水や誕生や死の移り変わりは、われわれには見えないからです。われわれに見えるものと言えば、永続的な輝きだけですが、それはそれらの火のような表面によって生み出されたものであるか、あるいはそれらの水によって生み出されたものであるか、あるいは雲に反射されたものであり、空間の大きな距離を経て送られてきたのです。同様に、この物体〔地球〕は、他の天体の住民には、海の表面から拡散される輝きを通じて感覚可能になるのです。(その表面は時には雲によってたいそうな影響を受けています。同じ理由で、月においても暗い部分が少し明るく見えるのです。)そして、この様相は、海を大陸に、大陸を海に変える、何世紀もの長いインターヴァルなしには変化することはないのです。したがって、この物体もこれらの物体も、それらが拡散する光ゆえに感覚されるのです。この地球から他の天体へと拡散される光は、他の似た天体の光と同じように永遠で不変なのです。このようにして、これらの微小な天体の直線運動と変化がわれわれには感覚できないように、この物体〔地球〕に見出すことができる他のすべての運動と変化は他の天体の住民には感覚できないのです。そして、この地球(それは別の月なのですが)から見れば、月には光の度合いが異なる様々な部分が見えるように、あの月(それは別の地球なのですが)から見れば、地球の異なった部分がその表面の空間の相違に応じて見えるのです。そして、もしも月がもっと遠くにあり、暗い部分の直径が見えなくなれば、明るい部分は一つになり、もっと小さいが全体として輝く物体へと縮まることでしょう。地球も、月からもっと遠ければ、同様に見えることでしょう。それゆえに、われわれは次のように考えることができます。すなわち、無数の星々の中には、同じほど多くの月や地球やそれに似た諸世界が存在し、これらの世界がこの地球のまわりを回っているのと同じように、この地球もこれらの世界のまわりを回っているように見えるのです。なぜわれわれは、あらゆる一致にもかかわらず、この物体とあれらの天体の間に相違があると決めつけたがるのでしょうか。なぜわれわれはこの一致を否定しようとするのでしょうか。それを疑う理由も意味も存在しないというのに。

ブルキオ　これらの天体がこの物体〔地球〕とは異ならないということを、あなたはこのようにして証明したつもりなのですか。

フラカストリオ　はい、十分に。実際、諸天体から地球について見えることは、地球から諸天体について見えることと同じなのです。地球から諸天体について見えることは、諸天体からも地球についても見えるのです。すなわち、地球も諸天体も、あまり隔たりが大きくないときには、部分的に明るい、小さな物体に見え、隔たりがより大きくなると、全体として輝き、どちらもより小さく見えるのです。

ブルキオ　それでは、あの美しい秩序、あの美しい自然の階梯はどこにあるのでしょうか。この階梯を通じて、(土という)より濃密な物体から(水という)密度の低い物体への上昇が存在し、この上昇はさらに、(水蒸気という)微細な物体、(純粋な空気という)より微細な物体、(火という)もっとも微細な物体、(天体という)神的物体へと続くのです。不明瞭な物体から不明瞭さの少ない物体を通じて、明瞭な物体、より明瞭な物体、もっとも明瞭な物体へと上昇するのです。暗黒な物体からもっとも輝いている物体へと、変化と破壊可能な物体からあらゆる変化と破壊から解放された物体へと上昇するのです。もっとも重い物体から重い物体へと、そしてそこから軽い物体へと、軽い物体からもっとも軽い物体へと、そしてそこから重くも軽くもない物体へと上昇するのです。〔地球の〕中心へ向かって動く〔重い〕物体から、中心から動く〔軽い〕物体へと、そしてそこから中心をめぐって動く〔天の〕物体へと、ある種の上昇があるのです。

フラカストリオ　この秩序がどこにあるのか知りたいのですか。夢や空想や幻想や狂気があるところにです。というのも、運動に関しては、自然に動くものはすべて、自らの中心か別の物を中心として円を描くのです。ここで「円」というのは、円や円周に関する単純で幾何学的なものを意味するのではなく、自然物が自然の中で場所を変えるのをわれわれが見る際の、あの規則に則ってのことです。直線運動は、いかなる主要な物体にも固有で自然なものではありません。実際、それが見られるのは、いわば排出物のような部分においてであり、これらの部分は世界の物体から流出したり、別の場所からそれに接する同じ種類の圏域へと流入したりするのです。それはちょうど水が熱によって微細な水蒸気になって上昇し、冷によって密度を濃くされて自らに固有の形態を取り戻し、下降するようなものです。したがって、運動を考察する際には、それに固有の場所において語ることにしましょう。土、水、空気、火から成ると言われている四元素の配置については、いかなる自然、いかなる技術、いかなる感覚がそれらを形成し、確かめ、証明するのかを知りたいものです。

ブルキオ　それでは、あなたは諸元素の有名な区別を否定するのですか。

フラカストリオ　区別を否定しているわけではありません。各人は好きなように区別をすれば良いのですから。しかし、土は水によって、水は空気によって、空気は火によって、火は天によって囲まれ、含まれているという、この秩序とこの配置を否定します。というのも、ご覧のようにこの広大な空間に散りばめられている、すべての物体と偉大な機構を内包するものは一つである、とわたしは主張するからです。そして、これらの物体、天体、世界、永遠の光の各自が、土や水や空気や火と呼ばれているものによって構成されているのです。そして、それら複合体の中で実体において火が優勢ならば、それは太陽と呼ばれ、それ自体によって輝くものなのです。もしもそこで水が優勢ならば、それは地球や月やその他の同様の状態のものと呼ばれ、先述したように、別のものによって反射するのです。したがって、これらの天体、あるいは（お望みならば）世界の中には、これらの異なった部分が、石や沼や川や泉や海や砂や金属や洞窟や山や平野といった場所と形態によって異なるものの複合によって秩序づけられています。それはちょうど動物において、骨や内臓や静脈や動脈や肉や神経や肺や様々な形の四肢に則った異質な諸部分が存在するようなものです。山や谷や窪みや水や霊気や火がすべての気象学的な影響に比例した属性とともに姿を現すように、咳や丹毒や胆石や眩暈や高熱やその他無数の状態が、霧や雨や雪や灼熱や稲妻や雷や地震や風や海の嵐に対応するのです。したがって、もしも地球やその他の世界が一般に思われている動物とは別の動物であるならば、それらはきっと、より多くの卓越した理性の持ち主なのです。しかし、どのようにしてアリストテレスや他の人は、空気が土のまわりにあって、中にはない、ということを証明することができるでしょうか。実際、土のいかなる部分にも空気は場所を得て、浸透しているのです。古代の人たちが「空虚はすべてを通して外から包み込み、充満の中にも浸透する」と言ったときに、彼らはおそらくこのことを言おうとしていたのでしょう。あるいは、諸部分を一つに結びつける水なしに、土はどのようにして濃密さと密度と恒常性を持つことができるとお思いですか。土（地球）がその中心部においてより重たいということを理解するためには、そこではその部分がより濃密で密度が高いと思わなければならないでしょう。そして、この濃密さは、部分と部分をくっつけることが唯一できる水なしには不可能なのです。地球の至る所で、島や山が水の上に出てくるのは、誰もが知っていることです。そして、水だけではなく、嵐を孕んだ湿った空気の上にも島や山は出現するのです。この湿った空気は、高山の間に閉じ込められており、完全な球形を形成するために地球の一部とみなされているのです。このことから明らかなように、体液と血液がわれわれの体の中にあるように、水は地球の中心にあるのです。地球の深い洞窟や窪みに水の主要な集合があることは、周知の通りです。もしもあなたが岸辺の上の水の膨らみを言うならば、岸辺は地球の上部ではないと答えましょう。というのも、高山の間にあるものはすべて、地球の凹面にあると理解できるからです。それと似たようなことは、散乱した水滴が面の上で形を維持していることにも見られます。その理由は、すべてのものの中にあり、それらを掌握している内なる魂が、そこにあるものの能力に従って諸部分を統一するという働きを、最初に行うからです。したがって、水が自然に土の上やまわりにあったり、あることができたりするわけではないのです。それはちょうど、われわれの実体の液体がわれわれの身体の上やまわりにないのと同じなのです。さらに、中心部における水の集合体は、岸のすべての地点やこれらの集合体が見えるすべての場所から、より高く見えます。そして、もしも乾燥した土の諸部分がおのずから一つになることができたならば、それらが水のおかげで一つにくっついているときに球体を成すのと似たようなことがきっと生じるでしょう。というのも、大気中の諸部分のすべての合一と濃密さは、水から生じるからです。地球の外にではなく内奥にある水は、その諸部分に統一と結合を付与し、その大部分（乾燥した土さえも）を包み込むのです。というのも、結合が最大であるところでは、水が構成要素として支配するからです。水には、諸部分を結合する力があるからです。それゆえに、土が水の基盤ではなく、水が土の基盤であり、水が土の上にではなく、土が水の上にあることを、容認しない人はいないでしょう。さらに、われわれが住む土（地球）の表面の上にある、海と呼ばれる深い水は、この球体の塊と比較されるに値するほどの大きさは持ちえないし、実際に持たないのです。水は、無思慮な人々が信じているように、土のまわりにあるのではなく、土の中にあるのです。アリストテレスは、真理に促されて、あるいは古の哲学者たちの語りの習慣に促されて、彼の『気象学』において以下の告白をしています。すなわち、荒れて乱れた大気の二つのもっとも下の領域は、高山によって中断され、取り巻かれており、土の部分のようなものであり、それは星々から見てつねに静寂で晴明で明瞭な大気によって取り巻かれ、包まれているのです[55]。そこから下に目を向けると、われわれは、風や雲や霧や嵐や潮流や逆流の総体がこの偉大な神的動物の生命と呼吸から生まれるのを見ることになります。われわれは、この動物を地球と呼び、ケレスと名付け、イシスによって具象化し、プロセルピナとディアナという称号を付けます。それはまた、天におけるルキナと呼ばれますが、両者は本性において異ならないのです。ですから、善良なるホメロスが、眠っていない時に、「水は土の上とまわりに自然の住居を持ち、そこでは風も雨も霧も影響力を持たない」と言ったのは大きな間違いなのです。もしも彼が理性的に考察し注意したならば、この物体〔地球〕の中心には（そこには重量の中心があるとして）乾燥した土よりも水の場所のほうが多いということに気づいたことでしょう。というのも、多くの水が加わらない限り、土の部分は重くはないからです。そして、土の部分は、水なしには、空気を下降し自らを含むものの圏域を見出そうとする衝動と固有の重さを持つことはないでしょう。したがって、秩序づけられた感覚と自然の真理は、これらの部分を区別するにあたって、盲目で薄汚い大衆の見解に従わないのです。この見解は、熟慮なしに話す人たちによって承認され、多くを語り少ししか考えない人たちによって説かれているのです。ティマイオスやピュタゴラスやその他の人々から借用されたプラトンの見解が真理によって提案されたものであることを、誰が信じないでしょうか。（もしもそれが権威を持たない人間によって発せられたならば、笑止千万と思われるでしょう。名声が行き渡っている人によって言及されたならば、神秘や寓話とみなされ、隠喩として解釈されるでしょう。権威よりも良識と知性を多く持つ人間によって提示されたならば、秘められた逆説の一つと思われるでしょう。）プラトンが言うには、われわれは地球の凹状の暗い場所に住んでいます。そして、地球のはるか上に住む動物に対するわれわれの関係は、われわれに対する魚の関係と同じです。というのも、魚がわれわれのものよりも濃密な液体の中に生きているように、われわれもより純粋で静寂な領域にいる生き物よりもずっと蒸気を帯びた空気の中に住んでいるからです。そして、もう一つの真に純粋な空気に対するわれわれの霧状の空気の状態は、不純な空気に対して大海が水であるようなものなのです。この種の語り口から、わたしは以下のことを推論したいと思います。すなわち、海や泉や川や山や石は、それらに含まれ、言ってみれば中心部分にまでそれらに包まれている空気とともに、同一の物体、同一の塊の異なった部分にして四肢でしかないのです。そして、それらはわれわれが通俗的に動物的な複合体として知っている部分や四肢とたいそう比例しているのです。その境界を成す凸面と表面は、山と荒れた空気の究極の縁《ふち》によって限界づけられています。その結果、太海と川が地球の深奥に残るのは、血液の泉と考えられる肝臓と枝分かれした静脈が個々の部分に含まれ、広がっているようなものなのです。

ブルキオ　それでは、土がもっとも重い物体であり、それゆえに中心にあるのではないのですか。そして、それに続いて、土を近くから取り囲む水が空気よりも重いのではないのですか。

フラカストリオ　もしもあなたが諸部分に浸透し中心に座を占めるより大きな能力から重さを判断するならば、わたしは、これらの元素と呼ばれているものの中で、空気がもっとも重く、もっとも軽いと言うでしょう。なぜならば土のあらゆる部分は、空間を与えさえすれば、中心まで落下しますが、空気の部分は中心へとより迅速に進むのです。というのも、空気が第一に空間に流れ込み、空虚を許さずにそれに充満するからです。土の部分はこれほど迅速には場所に流れ込みません。それらは通常は空気の侵入なしには動くことがないのです。空気を侵入させるためには、土や水や火は必要ありません。そして、これらのうちのどれ一つとして、包み込む物体の角を速やかに満たすために、空気の先回りをし、勝つことはありません。加えて、堅固な物体である土が去るとき、その場所を占めるのは空気です。しかし、空気が去るときには、土はその場所を占めるのに適していません。したがって、あらゆる場所と窪みに浸透するように動くのが空気に固有の性質である以上、空気よりも軽い物体も、空気よりも重い物体も存在しないのです。

ブルキオ　それでは、水はどうでしょうか。

フラカストリオ　水についてはすでに話しましたが、もう一度話すとしましょう。水は土よりも重いものです。その理由は、乾燥した土が水に浸透するよりもはるかに力強く、液体が乾燥した土の中心にまで下降し、浸透することを、われわれは見ているからです。それに加えて、水が付け加わることがない乾燥した土は、水の上に浮かび、水の内部に浸透する適性を持ちません。そして、あらかじめ水を吸収して、濃密な物体の塊に凝縮されていなければ、下降することがありません。それは、この濃密さによって、水の中や下に赴く能力を獲得するのです。（水は、それとは反対に、土のお陰で下降することはけっしてありません。むしろ、水は、集まり、凝縮し、自らの部分の数を倍増させることによって、吸収され、乾燥した土を塊にすることができるのです。実際、ご存知のように、乾燥した灰で満たされた容器のほうが、中に何もないもう一つの同じ容器よりも、水を多く吸収することができるのです。）したがって、乾燥した土は、乾燥した土としては、水の上にあり、浮かんでいるのです。

ブルキオ　もっとよく説明してください。

フラカストリオ　繰り返しになりますが、もしも土から水を全部遠ざけて、乾燥したものしか残らなくするならば、そこに残るものは必然的に不安定で、稀で、バラバラで、空気にたやすく溶解するでしょう。それどころか、それは無数の分断された物体の形態を取ることになるでしょう。実際、空気が一つの連続体をなし、水が結合によって一つの連続体を作るのです。その際、連続的で接合した個体は、何であっても、何によって形成されていてもかまわないのです。重さというものは部分の結合と厚みからしか生じません。そして、土の部分は水を通じてしか結合しません。水の部分は、(空気の部分と同様に)おのずから一つになります。そして、水は、他の物体の部分を結合させるために、それだけが力を持つわけでないとしても、他のもの以上に力を持っています。したがって、水は、それを通じて重くなる他の諸物体と比べて、他のものが重くなる原因であり、一義的に重いのです。それゆえに、「土は水の上に置かれている」と言った人たちは、狂っていると思われるべきではなく、はるかに賢いのです。

ブルキオ　われわれは、中心にはつねに土があると理解されるべきであると主張します。多くの博識な人物がこのような結論を出しているのですから。

フラカストリオ　それは狂人の主張です。

ブルキオ　狂人とはどういうことですか。

フラカストリオ　この主張は、感覚によっても、理性によっても確証されないという意味です。

ブルキオ　海が潮の干満を持ち、水が流れるのは、土の表面においてでしょう。

フラカストリオ　川の始まりであり、沼と海を作り出す泉が土の内奥から出てくるのがわからないのですか。先に何度も言ったことが、わからないのですか。

ブルキオ　水が最初は空気から落下し、水によって泉が形成されるのをわれわれは見ています。

フラカストリオ　土の部分である空気とは別の空気から水が下降するとしても、水は、一義的、原初的には、主として、全体的に土の中にあり、その後、派生的、二義的、特殊的な意味で空気の中にあることをわれわれは知っています。

ブルキオ　あなたの主張の立脚点は、地球の凸面の真の表面は海面ではなく、高山と等しい高さにある空気であるということですね。

フラカストリオ　あなたたちの君主であるアリストテレスも、このように主張していますよ。

ブルキオ　われわれの君主は、比較の余地なく、あなたたちの無名な君主よりも有名で、価値があり、追従されています。しかし、好きな人に従ったら良いでしょう。わたしも自由にしますから。

フラカストリオ　飢えと寒さで死に、空気を食糧にし、靴もなく、裸で歩くことになってもですか。

フィロテオ　お願いですから、このような無益で虚しい考えにとどまらないでください。

フラカストリオ　そうするとしましょう。それでは、ブルキオさん、お聞きになったことについて、なんとおっしゃりますか。

ブルキオ　どうあろうとも、結局のところ、この塊、このあなたの星、このあなたの動物の中心に何があるかを知る必要がありますね。というのも、そこにあるものが純粋な土であるならば、彼らが打ち立てた諸要素の秩序は虚しいものではないからです。

フラカストリオ　すでに語り、証明したように、中心には乾燥した土よりも空気ないし水があるほうが理にかなっています。（乾燥した土は、水のより多くの部分と合成されて、最終的に水に基盤を持つことなしには、そこに存在することはできないのです。）その理由は、ご存知のように、土の小片が水に浸透するよりもはるかに力強く、水の部分は土に浸透するからです。それゆえに、土の内奥に水が存在するほうが、水の内奥に土が存在するよりも、真実らしく、必然的なのです。

ブルキオ　土の上に浮かび、流れる水については、なんとおっしゃいますか。

フラカストリオ　誰にでもわかるように、このことは水がもたらす効果なのです。水は、土の部分を引き締めることによって、土を濃密にし、固めます。その結果、それ以上の水は吸収されなくなるのです。そうでなければ、一般的な経験からわかるように、水は乾いた実体の奥まで侵入することになるでしょう。したがって、土の中心には、それが頑丈であるために、水がある必要があります。頑丈さは、土ではなく水にまず関わるからです。実際、水が土の部分を結合するのです。その結果、土が水の部分の結合の理由であり、水の部分を濃密にするのではなく、水のほうが土の濃密さを作り出すのです。それゆえに、もしもあなたが土と水の複合物が中心にあるのを望まないならば、そこには土よりもむしろ水があるほうが、真実に近く、あらゆる理性と経験に適合しているのです。そして、もしもそこに濃密な物体があるならば、乾いた土よりも水がそこで支配的であるほうがより理にかなっています。というのも、水が土の部分の濃密さを作り出し、この濃密さは熱によって解消されるからです。（ここでは、反対のものによって解消される原初的な火の濃密さについて語ってはいません。）したがって、土が濃密で重いほど、それだけ多くの水が関わっているのです。それゆえに、われわれのもとでもっとも濃密なものは、ただ単により多くの水を分かち持っていると考えられるべきではなく、実体において水自体であるとみなされるのです。このことは、もっとも重く濃密な物体の溶解が金属の液体であることからもわかります。そして実際に、接合した部分を持つあらゆる固い物体において、自然における最小のものから始まって、水が部分を結合しくっつけることがわかります。その結果、自ら完全に解き放された乾燥した土は、拠り所のない散逸したアトムにすぎないのです。したがって、水の部分は土なしのほうがまとまっています。乾いた土の部分は、水なしにはまとまりを持たないのですから。それゆえに、もしも中心部分がより大きな衝動と速度で動くものにあてがわれているならば、すべてを満たす空気が最初になるのが相応しく、二番目には水が、三番目には土が相応しいでしょう。もしも中心部がより重く、密度が高く、濃密なものにあてがわれているならば、第一には水が、第二には空気が、第三には乾燥した土が相応しいでしょう。もしも水と結びついた乾燥した土を優先するならば、第一に土が、第二に水が、第三に空気が相応しいでしょう。結果として、様々な理論に則って様々なものが中心部に最初にあてがわれるのです。そして、真理と自然に則って、一つの元素は別の元素と共存し、この偉大な動物である地球には、四つ、あるいは少なくとも三つの元素を欠いた部分はないのです。

ブルキオ　それでは、結論を出してください。

フラカストリオ　わたしの結論は以下のものです。世界の諸元素と諸物体の有名で通俗的な秩序は、夢であり、虚しい空想です。なぜならば、それは自然によって確証されず、理性によって証明も論証もされず、適合性によってこのようであるわけではなく、能力によってこのようでありうるわけでもないからです。したがって、残された結論は、包摂する無限の領域と空間が存在し、それがすべてを含み、すべてに浸透している、ということになります。この無限の空間の中には、それに似た無数の物体〔世界〕が存在し、それらの中のどれとして他のもの以上に宇宙の中心にあるわけではありません。なぜならば、宇宙は、無限であるがゆえに、中心も端も持たないからです。しかし、中心と端は、宇宙の中にある世界のどれにも当てはまります。それがどのようになっているかについては、別の機会に語りました。とりわけ、われわれはすでに以下のことを証明しました。すなわち、太陽つまり火である特定の決められた中心が存在し、それらのまわりを土や水のすべての惑星が駆け巡る——ちょうどわれわれの近くで七つの惑星が行進するように——ということです。われわれは、次のことも同様に証明しました。すなわち、これらの星々、ないしこれらの世界の各々は、自らの中心のまわりを回ることによって、堅固で持続的な世界の外見を呈するのです。その結果、それは、まわりに見られ、存在することができるすべての星々を引きずって、それが宇宙の中心であるかのように、そのまわりを動かすのです。したがって、一つの世界、一つの地球、一つの太陽だけがあるのではなく、われわれがわれわれのまわりに見る光り輝く光体と同じ数だけの世界が存在するのです。そして、われわれが存在するこの世界がそれを包括する場所としての天の中にあるように、これらの世界もそれと同じように包括的な場所としての天の中にあるのです。ですから、天、無限の空気、無窮なるものは、無限の宇宙の部分であっても、世界や諸世界の部分ではありません。そうではなくて、それは、ある種の母胎、受け皿、広場のようなものであり、その中で諸世界が存在し、動き、生き、養われ、それらの有為転変の活動を実現し、それらの住民である生き物たちを生み出し、繰り返し養い、維持するのです。そして、無数の基体において存在するものの容貌を変え、ある種の状態と秩序を保ちつつ、上位の自然を管理しているのです。したがって、これらの世界のそれぞれは中心であり、それに向かってその諸部分のそれぞれが動き、その中であらゆる同類のものが安らいでいるのです。それはちょうど、この星〔地球〕の諸部分があらゆる側面とまわりの領域から、一定の距離を保ちつつ、それを含むものに関係付けられているようなものです。それゆえに、巨大な物体〔地球ないしその他の世界〕から流出する部分は、そこに再び流入するのです。結果として、この巨大な物体は、解消可能であるにもかかわらず、永遠なのです。もっとも、わたしが間違っていなければ、この種の永遠性の必然性は、外部からそれを維持し、配慮をするものに依拠しており、内的な固有の充足に依拠しているのではありません。この点に関しては、別の機会により詳細に明らかにしましょう。

ブルキオ　それでは、その他の諸世界にもこの世界と同様に住民がいるのですか。

フラカストリオ　われわれの世界とほとんど変わらないでしょう。というのも、理性的に観察するならば、われわれの世界と同じくらい、あるいはそれ以上に大きな、これらの無数の世界が、われわれの世界と同数の、あるいはより多くの住民を持たないと想像するのは不可能だからです。これらの世界はすべて、それら自体が太陽であるか、太陽がそれらの上に少なからぬ神的で豊穣な光線を注いでおり、この拡散された力に与る近くにいる者たちを幸福にするからです。したがって、宇宙の無数の主要な構成者は無限にあり、同じ相貌、特権、力、そして効果を持っているのです。

ブルキオ　これら異なったものたちの間にはいかなる相違もないのですか。

フラカストリオ　何度も聞かれたと思いますが、複合において火が支配的なものたちは、それ自体において輝き、熱いのです。そして、複合において水が支配的なものたちは、それ自体において冷たく、暗く、別のものを分かち持つことによって光を反射します。秩序やシンメトリーや総合や平和や一致や複合や生命は、この差異と対立に依拠しています。結果として、諸世界は対立物によって成り立っており、土と水のような一つの対立は、太陽と火のような別の対立によって生き、養われています。「神は至高の対立するものたちの中に平和をもたらす」と言ったあの賢者や「すべては調和するものたちの争いと争うものたちの調和から成り立つ」(56)と考えた別の賢者は、わたしの考えでは、このことを考えていたのです。

ブルキオ　あなたはこの発言で世界を転倒させる気ですね。

フラカストリオ　転倒した世界を逆さまにしようとするのは悪いことでしょうか。

ブルキオ　『自然学講義』や『天と世界について』のような著作に費やされた汗と労力を無駄にしようというのですか。これらの著作は、幾多の偉大なる註解者、パラフレーズの作成者、用語集の著者、摘要の収集者、要約者、学者、翻訳者、質問者、理論家の脳みそを絞ったというのに。深遠にして繊細、輝かしくも偉大、不可侵にして無敵な、天使的、セラフィム的、ケルビム的、神的な博士たちは、そこに彼らの基盤を築いたのです。

フラカストリオ　石砕き人、岩砕き職人、牛馬の仲間、蹴りの達人を〈加えなさい〉。深遠の見者、大騎士、オリンポスの住民、天人、天上の経験論者、雷鳴を轟かす者を〈加えなさい〉。

ブルキオ あなたの一存で、彼らすべてを便所に送るというのですか。これほど多くの卓越した哲学者たちの思索が放擲され軽蔑されるとは、さぞかし世界は立派になるでしょうね。

フラカストリオ ロバたちから飼葉を取り上げ、彼らの味覚がわれわれのものと似たものになることを望むのは、正しいことではありません。才能と知性は、精神と胃に劣らず多様なものなのです。

ブルキオ プラトンが無知蒙昧の輩であり、アリストテレスがロバであり、彼らの追随者たちが無思慮な馬鹿者で、狂信者であるとおっしゃりたいのですか。

フラカストリオ 友よ、わたしは、彼らの内の一方が子ロバで、他方がロバであるとか、一方が小猿で他方が大猿であるとか、主張しているわけではありません。あなたはそう思いたいのかもしれませんがね。むしろ、最初に言ったように、わたしは彼らを大地の英雄だと思っています。しかしながら、理由抜きに彼らを信じたり、彼らの立論を（鋭敏な精神の持ち主にとってその反対が明らかに真であるにもかかわらず）受け入れたりするつもりはありません。

ブルキオ それでは、誰が裁定を下すのでしょうか。

フラカストリオ あらゆる良識と目覚めた判断が裁定を下すのです。自分が説得されたことがわかり、彼らの理論を擁護することも、われわれの理論に逆らうこともできないことを認める、謙虚で、頑迷でないあらゆる人が裁定者なのです。

ブルキオ　わたしが彼らの理論を擁護することができないとしたら、それはわたしが至らないせいであり、彼らの教説のせいではありません。あなたたちが論争で勝つとしたら、それはあなたたちの教説のおかげではなく、あなたたちの詭弁の臆面のなさゆえなのです。

フラカストリオ　もしもわたしが原因に無知であると自覚するならば、意見を控えることでしょう。もしもあなたと同じ状況にあるならば、自分の博識は信仰によるものであって、学問によるものではないと思うことでしょう。

ブルキオ　あなたがましな状況にあるとしたら、それはあなたがロバであり、思い上がり、詭弁家であり、文芸の撹乱者、才能の殺害者、珍奇なことの愛好者、真理の敵、異端の容疑者であるからです。

フィロテオ　今までこの男は学識の少なさを示してきたが、今や謙虚さと礼儀の欠如を示すつもりらしい。

エルピーノ　彼の声はよく通り、木靴を履いた修道士(57)のように力強く論じています。ブルキオさん、あなたの信仰の揺るぎなさを称賛します。このことが真であろうとも、それを信じるつもりはないと、あなたは最初から言っているのですから。

ブルキオ　そうだとも。これら多くの輝かしい学識ある人たちと一緒に無知である方が、ここにいる友人たちのような詭弁家たちと一緒に知っているよりもましだね。

フラカストリオ　あなたが言っていることを信じるとしたら、博識の人と詭弁家の区別をするのが難しくなるでしょう。無知である人たちは輝かしくも博識でもありません。知っている人たちは、詭弁家ではありません。

ブルキオ　わたしが言わんとすることを君たちがどう理解するかはお見通しだよ。

エルピーノ　あなたが言っていることをわれわれが理解できるならば、それで十分でしょう。あなた自身でさえ自分が言おうとしていることを理解するのに苦労しているのですから。

ブルキオ　出ていきなさい。君たちときたら、アリストテレスよりも博識で、プラトンよりも神的で、アヴェロエスより深遠な振りをし、多くの時代と国家が生み出し、注釈を書き、賞賛され、天へと持ち上げられた、数多くの哲学者や神学者よりも判断力がある振りをするのだから。何処の馬の骨ともわからないくせに、偉大なる学者たちの潮流に逆らおうという傲慢な輩たちよ。

フラカストリオ　もしもそこに幾ばくかの理があったならば、これはあなたがした発言の中で最良のものですね。

ブルキオ　アリストテレスよりも博識であるには、君はあまりにも野蛮で、貧乏で、物乞いで、惨めで、キビのパンで育ち、飢え死にしそうじゃないか。仕立屋が君の父、洗濯女が母、靴直しのチェッコが伯父、モムスが義理の父じゃないか。売春婦の御者で、ロバの靴を作るラザロの兄弟じゃないか。君たちと同類の悪魔たちと一緒にいればよい。

エルピーノ　お願いだから、偉大なる閣下よ、もうここに来ないでください。われわれがあなたの元に来るとも思わないでください。

フラカストリオ　この種の人たちに理を尽くして真理を示そうとするのは、ロバの頭を様々な石鹸や洗剤で洗うようなものです(58)。その場合、百回洗おうが一回洗おうが、千の流儀で洗おうが一つの流儀で洗おうが、効果がないのです。洗っても洗わなくても変わりがないのです。

フィロテオ　それどころか、その頭は洗った後のほうが洗う前よりもいつも汚く思われるのです。というのも、より多くの水と香水を足せば足すほど、頭からより多くの煙が湧き上がり、以前には感じなかった悪臭を感じるようになるからです。この悪臭は、芳香のある液体によって刺激された分、より嫌悪を催すものになるのです。今日のところは、たくさん話しました。フラカストリオさんの能力とエルピーノさんの成熟した判断力を知って、とても嬉しく思います。無数の世界の存在、数、そして質について話をしたので、明日はそれに対して反論があるのか、あるとするならばいかなるものなのか、について議論を進めたらよいでしょう。

エルピーノ　そうしましょう。

フラカストリオ　さようなら。

第三対話終了

フィロテオ　したがって、「この地球という複合物が数多くの天圏によって取り巻かれており、それらのいくつかは一つの天体だけを含み、他のものは無数の天体を含んでいる」という従来の想像は、世界の無限を正しく捉えていません。実際、空間を通じて数多くの天体が運動することができますが、それらのどれもが自発的に、内的原理によって、動き、自らに適したものたちと関わることができるのです。そして、どれもが一つの世界とみなされるのに十分な広さを持っているのです。どれもが無数の卓越した個体の永続的な生成と生命を維持するのに十分な原理を持っているのです。世界の運動の外観が地球の日々の運動によってもたらされていることが分かれば（このことは、似たような天体においても同様に起きるのですが）、星々が地球から同じ距離にあると考える理由はなくなります。（もっとも俗衆はそのように考えて、星々が第八天圏に釘付けられていると思い込んでいるのです。）そして、これら無数の天体とわれわれとの距離には無数の差異があることを認めざるをえないのです。

玉ねぎの皮において小さなものが大きなものによって包まれているように、宇宙の諸天圏の間にも同じような関係があるのではないということを、われわれは理解しています。そうではなくて、エーテル状の領域の中で熱と冷が主にそのような性質を持った物体から散逸して、異なった段階において互いに調合されて、存在するものの多くの形と形質の近接的な原理になっているのです。

エルピーノ　それでは直ちに反対意見を解消することにしましょう。その際、アリストテレスの意見が重要になります。それらはもっとも有名で、愚かな大衆によって完全な証明と思われていますからね。そして、何一つ取り残すことがないように、わたしはこの哀れな詭弁家のすべての理論と見解に言及することにします。あなたは、それらを一つずつ検討してください。

フィロテオ　そうしてください。

エルピーノ　『天と世界』という本の第一巻で、彼は言っています。「この世界の外に別の世界があるか検討しなければならない」と(59)。

フィロテオ　この種の質問に関しては、「世界」についての彼の解釈はわれわれのそれとは異なっているということを知ってください。われわれは、このエーテル状の空間において、天体を天体に結びつけるように、世界を世界に結びつけます。それは、諸世界は無数で無限であると考えたすべての知者たちの見解と一致する適切な考えなのです。彼は、「世界」を諸要素の配置と空想上の諸球体の集合体として捉えます。それは第一動者の凸面において限界に達するのですが、この凸面は完璧な円形であり、急速な動きで（自らが回転することによって）すべてを（そこにわれわれがいる）中心のまわりを巡って回転させるのです。ですから、理屈を重ねてこの種の空想を相手にしても、虚しい子供じみた考察になるだけでしょう。むしろ、われわれの考えと正反対な彼の理論だけを解消し、われわれと対立しないものには関わらないのが有意義でしょう。

フラカストリオ　「われわれは曖昧な概念について議論している」と非難する人たちには、なんと答えたらよいでしょうか。

フィロテオ　二つのことを言いましょう。第一に、欠陥は、不適切な意味で世界を捉え、空想上の物体的な宇宙をでっち上げた人によるものです。第二に、真理に従うのではなく、敵対者たちが想像するような意味に従ったとしても、われわれの回答は妥当であるということです。というのも、この地球を中心とするこの世界の第一の円周に数多くの点があるところには、（この想像上の円周の外部にある）その他無数の地球の数多くの点が想定されるからです。これらの点は、（彼らの想像においてはそうでないとしても）現実に存在します。彼らがいかに考えようが、宇宙の量と諸世界の数に関して何の変化も及ぼさないのです。

フラカストリオ　見事な見解ですね。エルピーノさん、続けてください。

エルピーノ　彼は言います。「あらゆる物体は、動くか静止している。そして、この運動と状態は、自然なものか強制的なものかのどちらかである。加えて、あらゆる物体は、それが強制によるのではなく自然によって存在する場所では、強制によってではなく自然によって動く。そして、それが強制によって動かない場所では、それは自然によって静止する。その結果、上方へと強制によって動くものは、自然によって下方へと動く。そして、その反対も真である。このことから、複数の世界は存在しないことが以下の考察によって推測される。すなわち、もしもこの世界の外部にある土がこの世界の中心へと強制によって動くとしたら、この世界における土はもう一つの世界へと自然によって動くことになる。そしてもしもこの世界の中心からもう一つの世界の中心への運動が強制的であるとしたら、もう一つの世界の中心からこの世界の中心への運動は自然によるものであることになるだろう。その理由は、もしも複数の土が存在するならば、一つの土の能力はもう一つの土の能力に似ている必要があるからだ。それは、あの火の能力がこの火の能力に似ているようなものである。そうでなければ、これらの世界の諸部分はこの世界の諸部分と、存在ではなく、名前においてのみ、似ていることになる。その結果、別の世界がこの世界と同じように世界と呼ばれても、実際はそうではないということになるのだ。加えて、本性と形質を共有するすべての物体は運動する。なぜならば、あらゆる物体は自然に従って何らかのしかたで動くからである。したがって、もしも別の世界にこの土と同じように土があり、同じ形質を持っているならば、それらはきっと同じ運動を持つことだろう。それはちょうど、視点を逆にした場合、同じ運動から同じ構成要素が推論されるようなものなのだ。このような状況においては、別の世界の土はこの世界の土へと動き、別の世界の火はこの世界の火へと動くことになるだろう。その結果、土も火も、自然に従って上方にも下方にも動くことになるだろう。しかし、そのようなことは不可能なので、唯一の地球、唯一の中心、唯一の地平、唯一の世界が存在しなければならない」(60)。

フィロテオ　反論は以下の通りです。この無限の宇宙の空間の中でわれわれの地球がこの領域のまわりを回り、この部分を占有するように、同じ無限空間の中で他の諸天体は自らの部分を占有し、無窮の空間の中で自らの領域のまわりを回るのです。この地球が自らの主要な部分から成り、自らの変化を持ち、自らの部分において潮流と逆流を持つように（ちょうど動物において体液と部分が絶えず変化し運動しているように）、他の諸天体も同じような状態にある自らの部分から成り立っているのです。そしてちょうどこの天体〔地球〕が自然に従って、その機構全体を使って動く時に円状の運動以外は持たない（それによって、それは自らのまわりを回るか、太陽のまわりを巡るのですが）ように、同じ本性を持つその他の諸物体も必然的に同じように動くのです。そして、自らの場所から偶発的に遠ざけられた、これらの物体の部分（それらは主要な部分や構成要素と考えられるべきではないのですが）もまた、自然に従って、自らの衝動によって元の場所へと戻るのです。それはちょうど、乾いた土や水の部分が、太陽と地球の作用によって蒸発と蒸気の形態を取って、地球の上方の部分と領域へと遠ざかった後に、自らの形を取り戻して元の場所に戻るようなものなのです。そして、これらの部分は、一定の限界を越えて、自らを含むものから遠ざかることはありません。このことは、地球に属さない流星の物質を見ればわかります。したがって、一匹の動物の部分は、もう一匹の動物の部分と同種であるとしても、異なった個体に属するがゆえに、もう一匹の動物の（主要で離れた）部分が占める場所へと引き寄せられることはありません。それは、わたしの手があなたの腕には相応しくなく、あなたの頭がわたしの胴体に相応しくないようなものなのです。以上の議論によって、すべての天体、すべての世界の間には類似があり、この地球とその他の地球の間には同一の理があると、本当に言うことができるのです。だからといって、この世界がある場所にすべての他の世界がなければならず、この地球が占めている場所にすべての他の地球が存在しなければならない、というわけではありません。しかしながら、以下のことは正しく推論することができます。すなわち、この地球がそれ自身の場所に存在するように、すべての他の地球もそれらの場所に存在するということ。この地球が他の地球の場所で動くのは良くないように、他の地球がこの地球の場所で動くのは良くないということ。この地球が、素材とその他の個的状況において他の地球と異なっているように、他の地球はこの地球と異なっているということです。そして、この火の部分がこの火に対して動き、あの火の部分があの火に対して動くように、この地球の部分はこの地球全体に対して動き、あの地球の部分はあの地球全体に対して動きます。われわれが月と呼ぶ、あの地球の部分が、その水とともに、この地球全体へと動くならば、それは自然に反した暴力的なことです。この地球の部分があの地球全体へと動く場合も同様です。あの地球は、自然に従って、自らの場所で回転し、そこにある自らの領域を獲得します。この地球は、自然に従って、ここにあるその領域の中で回転します。そして、あの地球の部分はあの地球に、この地球の部分はこの地球に同じように関わるのです。水や火の部分についても同様です。この地球の下方にして下の場所は、その外部にあるいかなるエーテル状の領域でもなく(このことが起きるとしたら、それは自らの圏域の外に追い出された部分についてです)、丸くて重い地球の塊の中心にあります。同様に、あの地球の下方はその外部のいかなる場所でもなく、それ自体の中央にして中心なのです。この地球の上部は、周辺にあるものと周辺の外部にあるものすべてです。そして、あの地球の部分が強制的にしか周辺の外へと動かず、自然に従った場合、その中心へと動くように、この地球の部分は強制的にしか遠ざからず、自然に従った場合、自らの固有の中央へと戻るのです。これがこの地球と他の諸地球の類似の正しい解釈です。

エルピーノ　これらの動物のどれかが別の動物がいるところへと移動し、そこにとどまり、自らの場所と状況に固有の個的実在を持たないというのは、おっしゃるとおり、不適切で不可能なことです。そして、この動物の部分が別の動物の場所に惹きつけられて、そこへと現実に動くということは、不適切極まりないことなのです。

フィロテオ　真に部分である部分について、見事に理解されていますね。もっとも、万物を原初的に構成する第一の個的物体は、無窮の空間を通じてある種の変容を被り、ある場所に流れ込んだり、別の場所から流れ出たりします。これらの物体は、神の摂理によって、現実においては、新しい物体を形成したり、古い物体を解体したりしませんが、少なくともそのような能力は持っているのです。というのも、世界の物体は本当に解体可能だからです。しかしながら、内的な力か外的な力によって、これらの物体が永遠に同一のものにとどまる可能性もあります。このことは、流出したアトムと質量において同じアトムが流入することによってなされるのです。このようにして、これらの物体は数において同一のものにとどまります。それはちょうどわれわれが物体的な実体において同様のしかたで日々、刻々、（身体のすべての部分においてなされる摂取と消化を通じて）新たなものにされるようなものです。

エルピーノ　このことについては別の機会に話すことにしましょう。現在のところあなたのご指摘は十分に納得がいくものです。すなわち、もしもあらゆる他の地球がこの地球へ上昇しようとして、この場所へと動くならば、それは強制によるものであり、同様に、もしもこの地球が他の地球のどれかへと動くならば、それもまた強制によるものである、というご指摘です。というのも、この地球のあらゆる部分からその周辺ないし最後の表面へと、すなわちエーテルから成る半球の地平へと、進むことは、言ってみれば「上に進む」ようなものなのです。同様に、他の地球の表面のあらゆる部分からこの地球へと進むことは、「上昇」と理解されます。この地球は他の地球の周辺にあり、他の地球はこの地球の周辺にあるのですから。わたしは以下のことにも同意します。すなわち、あれらの地球はこの地球と同じ本性を持つが、だからといって同じ中心に実際に関係付けられるわけではありません。というのも、他の地球の中心がこの地球の中心でなく、前者の周辺が後者の周辺でないのは、わたしの魂があなたたちの魂でなく、わたしとわたしの部分の重さがあなたたちの体でも重さでもないようなものだからです。これらすべての体と重さと魂は同じ名前で呼ばれ、同じ形質を持っているのですが。

フィロテオ　なるほど。しかしながら、だからといって、あの地球の部分がこの地球に近づいたとしても、それがこの地球に惹きつけられることはない、と思う必要はありません。この地球の部分があの地球に近づいた場合にも同様です。もっとも、通常は、動物やそれに類する個体にこのことが生じるのは見られません。一方が他方によって養われ、大きくなったり、一方が他方に変わったりする場合は別ですが。

エルピーノ　そうですね。しかし、もしも別の天球全体がこの天球〔地球〕のすぐ近くにあって、本来戻っていくべき部分が、そこから地球へと離脱してしまう場合はどうなるのでしょうか。

フィロテオ　地球のものだとわかる部分が（そのまわりに純粋で清涼な空気があると言われている）地球の周辺より外

に出るとしたら、これらの部分はその場所から自らの場所に戻ることができるということを認めるのにやぶさかでありません。しかしながら、別の天圏〔地球〕全体が〔この地球へと〕来るわけでも、その部分が自然にしたがって〔この地球へと〕下降するわけでもありません。むしろ、これらの部分は、強制によって〔それらの天圏から〕上昇するのです。それはちょうど、地球の部分が自然にしたがって別の地球へと下降するのではなく、強制によって上昇するようなものです。なぜならば、すべての世界にとって、それらの周辺の外部は上であり、内的な中心は下だからです。そして、それらの部分が自然に従って向かう中央の存在理由は、それらの外部ではなく、内部から与えられるものなのです。このことに無知な人たちは、特定の縁《ふち》をでっちあげ、宇宙を虚しく限定をすることで、世界の中心とこの地球を同一のものであると考えたのです。それに対して、われわれの時代の数学者たち(61)によって有名な反論が提起されました。彼らは、世界の空想上の周辺から地球の中心は等距離にあるのではないことを発見したのです。加えて、他のより賢明な人たちは地球の運動を理解し、彼らの技芸に固有の理論によってだけでなく、何らかの自然の理性によって、以下のことを発見したのです。すなわち、より理性的なしかたで、不都合に遭遇することなしに、より適切で正しい理論を形成することによって、われわれが目という感覚によって理解できる世界と宇宙は、運動に関する上述した誤謬によるよりももっと整合的に説明でき、このことは、地球が〔世界の〕中心からも太陽からも同じほど離れていることによって可能になる、と彼らは唱えたのです。その結果、彼らは、自らの原理によって、旧説の誤りを少しずつ容易に発見することができたのです。旧説とはすなわち、この物体〔地球〕の重量に関する説であったり、この場所と他の場所との相違についての説であったり、惑星と呼ばれているものの彼方に見られる無数の世界が地球から同じ距離にあるという説であったり、地球の動きを他のすべての星に関連させるのではなく、むしろすべての星が地球のまわりを急速に回転しているとする説のことです。そして、通俗哲学によって仮定されていたその他の洗練された不都合に対して少なくとも疑いの目が向けられることになったのです。さて、議論の出発点に戻って言うならば、他の天体がこの天体〔地球〕にたいそう近づき、その結果、その天体の周辺の空間ないし点がこの天体の周辺の空間ないし点と接触するとしても、だからといって、一方の天体の全体ないしその部分が、もう一つの天体の中心へと動くことはできないのです。

エルピーノ　自然の摂理はそれとは反対の状態をもたらしました。なぜならば、もしもこのようなことが起きるならば、反対の物体がもう一つの物体を破壊することになるからです。そして、冷と湿とは熱と乾によって滅せられることになるからです。しかし、実際には、特定の適切な距離に置かれて、一方は他方によって生き、養われることになるのです。加えて、物体は自らと異なったものに便利なものを与えたり、それから便利なものを受け取ったりするのですが、似たような物体が近くにあると、このやり取りが妨害されることになります。それはちょうど、月と呼ばれるもう一つの地球が太陽との間に入ることで、少なからぬ害悪がわれわれの脆弱な存在にもたらされるようなものです。もしも月がもっと地球に近づき、太陽の熱と生命的光をより顕著な形で奪うとしたら、どうなることでしょうか。

フィロテオ　もっともな発言です。しかし、今はアリストテレスの考えを続けてください。

エルピーノ　彼は架空の回答を持ち出します。それによれば、一つの物体が別の物体へと動かないのは、それが別の物体から場所的距離によって遠ざかっていればいるのと同じ程度に、自然本性においても異なっているからなのです。この架空の回答に対して、アリストテレスは、距離の大小は自然本性の違いを生み出さないと反論しています(62)。

フィロテオ　このことは、正しく理解されるならば、的を射た指摘です。しかし、われわれは、「一つの地球が、近かろうが遠かろうが、別の地球へと動かない」という、別の回答と理由を知っています。

エルピーノ　それは理解しました。しかし、古代の人たちが言おうとした見解もわたしには真であるように思われます。その見解とは、物体はより大きな距離によってより小さな「傾向」(attitudine)(彼らはそれを通常は「特性」や「本性」と呼んでいたのですが)を持つのです。というのも、多くの空気を下に持つ部分は、中間にあるものを分けて下に来るだけの力を持つことが少ないからです。

フィロテオ　たしかにそうであり、このことは地球の部分については十分に確認されています。部分は、一定の距離を置いて遠ざけられていても、本体へと戻るのが常だからです。そして、本体に近づけば近づくほど、戻る速度も速くなるのです。しかし、今は別の地球の部分について語りましょう。

エルピーノ　それでは、一つの地球が別の地球と、部分が部分と、似ている以上、それらが近いときにどうなるとお思いですか。別の地球の部分には、どちらの地球へ行くにも(したがって、上昇するにも、下降するにも)同じ能力があるのではないでしょうか。

フィロテオ　一つの不都合（それが不都合であるとして）が措定されると、別の不都合を妨げるものは何もありません。しかし、このことはさておき、異なった地球の部分が同じ関係と距離に置かれているならば、それらはそのままとどまるか、あるいは行く場所が決まるならば、それとの関係において「下降する」と言われ、離れていく場所との関係において「上昇する」と言われるのです。

エルピーノ　しかしながら、ある主要な物体の部分が、種において似ているとはいえ、別の主要な物体へと動くとは、考えられません。というのも、ある人の部分と四肢が別の人に適合することはできるとは思われないからです。

フィロテオ　たしかに主要で一次的な意味においてはそうでしょう。しかし、付随的で二次的な意味においては正反対のことが起きるのです。実際、当人の鼻があった場所に別人の鼻が置かれるのを、われわれは見て知っています。そして、この人の耳があった場所に別人の耳が置かれることを、容易に信じることができるのです(63)。

エルピーノ　この外科手術は、一般的なものとは言えません。

フィロテオ　そうですね。

エルピーノ　わたしが知りたい点に戻るとします。もしも石が二つの地球から等距離の点において、空中にあるとしたら、どうしたらそれがそこに固定され続けると考えたら良いでしょうか。そして、どうしたらそれは一方よりも他方の地球へと向かうことを決めるのでしょうか。

フィロテオ　石は、その形によってどちらかにより多く関わるわけではありません。どちらの地球も石に対して等距離にあり、それに対して同じように関係しているのです。そうなると、解決が疑わしく、対立する両極に対して等しい比例関係を持つがゆえに、それはそこにとどまることでしょう。それは、どちらからも同程度に魅せられているので、一方よりも他方へと向かうことが決められないのです。しかし、もしも一方の地球がその石と共通の属性を持ち、それとより似ているか、あるいはそれを維持するのにより適している場合には、石は最短の道をとってこの地球へ向かうでしょう。というのも、主たる動因は、それに固有の天圏でも、それを含む地球でもなく、自らを維持する意欲（appetito）なのです。それはちょうど火が地上を動き回り、食事と栄養の近くに行こうとして、下に向かい、太陽へ向かうのを諦めるようなものです。太陽へ向かうことで、火は熱を失う危険があるからです。

エルピーノ　「同類の部分と物体は、どれだけ離れていようが、その全体と似たものへと動く」というアリストテレスの考え(64)について、何とおっしゃいますか。

フィロテオ　われわれがいましがた言ったことに鑑みれば、それがあらゆる理性と良識に反することがわかるでしょう。たしかに自らの地球の外にある部分は、近くにある類似したものへ（たとえそれが主たる包含者でないとしても）動きます。それでも時には、それと形において似ておらずとも、それを保持し、養うものへと動くのです。なぜならば、主たる内的な刺激は、（特定の点や固有の天圏といった）特定の場所に対して持つ関係から生じるのではなく、自らを維持し、保つのにより適した場所を探す自然の衝動（appulso）から生じるからです。すべてのものは、このことを（いかに卑しいものであれ）自然本性において願望します。それはちょうど、真の哲学の光を持たない人たちが生きることを願望し、死をもっとも恐れるようなものなのです。彼らは、現在の生とは別の存在を把握せず、彼らに属しているものとは別のものが後に続くことができるとは考えないからです。というのも、複合から生じる偶有性の中に生命原理が存するのではなく、分割不可能で解消不可能な実体の中に存することを、これらの人たちは理解することができないからです。この実体においては、そこに混乱がない以上、自己を維持する願望も自己を消失する恐れも存在しないのです。むしろ、このような願望と恐れは、（均衡や内包や偶有性に関わる複合体としての）複合体にふさわしいのです。なぜならば、統一作用を持つものとして理解される精神的実体と統一されたものとして理解される質料的実体は、いかなる変容も受動も必要としないからです。ですから、このような実体は自らを維持しようとはせず、それにはいかなる運動もふさわしくありません。運動は複合体にふさわしいのです。このような教説が理解されるためには、重さの軽重は世界や世界の部分にふさわしくないことを知らなければなりません。なぜならば、これらの差異は自然本性によるものではなく、実定的で相対的なものだからです。加えて、宇宙が端も極限も持たず、無窮で無限であるということは、すでに別の機会に考察しましたが、このことから以下のことが生じます。すなわち、主要な物体は、何らかの中心や極限との関連においては、直線的に動くことを決定できないということです。その理由は、自らの外部にあるすべての角に対して、これらの物体は等しく同一の関係を持つからです。それゆえに、それらが持つことができる直線運動は、それらに固有の部分のものであり、この運動は別の中心に対してのものではなく、自らに固有の完全な包含者に対するものなのです。しかし、この点については別の機会に論じるとして、問題となっている点に戻りましょう。物体は、どれほど離れていても、自らの包括者ないしそれに類するものへと戻る傾向があるということを、アリストテレスは、以下のことを理解すれば、――彼自身の原理に則っても――証明できなくなります。彼の考えでは、流星は土の物質から成り立ち、蒸発の形で火が燃える高い領域へと上昇しており、その部分は下へと降りることができずに、第一の動者の力に引っ張られて、地球のまわりを回っているのです。そして、流星は第五元素でできてはおらず、たいへん重く濃度の高い、土の物体であり、このことは、彗星が火の強烈な燃焼に対して長い間耐える現象から明らかであると彼は論じています。それは時には一ヶ月以上燃え続け、われわれの時代には四十五日間燃え続けたことが目撃されているのです。さて、重さが距離の影響を受けないならば、なぜ流星は下降したり停止したりせずに、地球のまわりを回るのでしょうか。もしも「彗星はそれ自体によってではなく、引きずられて（強制されて）回転する」とアリストテレスが言うならば、「重さも軽さも持たず、似たような物質でできていない、彼の天と天体のそれぞれも同様に引きずられて（強制されている」とわたしは強く主張するでしょう。これらの物体の運動が、（地球の自転や他の天体の運動に一致しないがゆえに）自らに固有であるように思われることについては、今は論じないことにします。

この理由は、彼らを彼らの原理から出発して説得するのにもっとも適したものです。実際、彗星の本性の真実について、われわれは、独自の考察をしつつ、それらは火の圏域から上昇するのではないと示すことができるのです。なぜならば、もしもそうであったならば、彗星はあらゆる方角から燃えているはずだからです。というのも、その場合、彗星は、それらの塊の周辺ないし表面の全体において、（彼らの言葉を使うならば）「熱に消尽された空気」、あるいは単に熱の圏域の中に含まれていたことになるのですから。しかしながら、われわれはつねに、彗星が一つの部分においてのみ燃えているのを見ています。したがって、彗星は――古代の人たちが見事に語り、理解したように――天体の一種であるという結論に達するのです。そして、それらは、自らの運動によって、この天体〔地球〕に近づいたり、そこから遠ざかったりするのですが、このことによって燃焼しつつ増大したり、火が消えつつ減少したりするように思われるのです。そして、彗星は地球のまわりを動かず、自らに固有の運動は、地球の回転運動の外にあります。地球は、背中を回転させながら、自らの周辺の外部にあるすべての光体を東のものや西のものにするのです。そして、そのように大きな、地球のような物体が、何にも逆らわない液状の空気や繊細な物体によって引きずられ（強制的に動かされ）たり、自らの本性に反して、宙吊りになったりすることは、不可能です。もしもその運動が本当のものならば、それを動かす第一の動者の運動に従わなければならず、惑星の運動を模倣することはないでしょう。それにもかかわらず、今は、水星や月や土星やその他の惑星の本性が彗星を動かすと判断されているのです。しかし、この点については、別の機会に話すことにしましょう。アリストテレスに対する論駁はもう十分でしょう。彼は、彼が「固有の」ないし「自然の」と呼ぶところの運動の大小を近さや遠さから推論しようとしないのです。ちなみに、これらの名称は真理に反しています。真理は、このような現実離れした状態にあるものに対して「固有の」とか「自然の」とかいう名称を付与することを拒むからです。したがって、もしも特定の距離を超えて部分が包括者へと動くことがけっしてないならば、そのような運動がそれらに「自然である」と言うべきではないのです。

エルピーノ　よく考える人にはわかることですが、アリストテレスの諸原理は、自然の真の諸原理とは正反対のものでした。さらに彼は「もしも単純な物体の運動がそれらにとって自然のものであるならば、多くの世界にある、同一の種類に属する単純な物体は、同一の中心ないし同一の端へと動くだろう」と言っています(65)。

フィロテオ　「それらは特殊で個別的な同一の場所へと動かなければならない」ということを、彼はけっして証明できません。なぜならば、「諸物体は同一の種類である」ということから、「それらには同一の種類の場所と同一の種類の中央（固有の中心）が相応しい」ということは推論できますが、「数的に同一の場所を必要とする」ということは推論できないからです。

エルピーノ　彼は、この反論を幾分予知していたようです。だからこそ、彼は、それを回避しようと無駄な努力を払って、「数的な差異は場所的差異の原因ではない」ということを証明しようとしたのです。

フィロテオ　一般的には、その反対が正しいようです。しかし、彼はどのようにして証明しようとしたのですか。

エルピーノ　彼は以下のように言っています。「もしも物体の数的差異が場所の数的差異の原因であるならば、この地球のこれらの部分は、数においても重さにおいても異なっているので、同じ世界のそれぞれの部分が固有の中央を持つことになるだろう。しかし、このことは不可能かつ不都合である。というのも、そうなると地球の部分の個体数に応じて中央の数が存在することになってしまうからである」。

フィロテオ　この主張は説得力を欠いています。それは、論敵の主張を斥けるかわりに、むしろそれを強固にするのです。塊や物体や動物全体にとって、中心は一つであるということを疑う人はいません。すべての部分は、それに対して、そしてそれに向かって、関係付けられ、集められ、それを通じて統一され、基盤を持つことになるからです。しかし、中心は無数でありえ、無数の部分のどれ一つにおいても、われわれは中心を求め、選び取り、仮定することができるのです。人間においては、心臓と呼ばれる中心は単純に一つです。しかし、それ以外にも、多数の部分に応じて別の中心が数多く存在し、それらの中で、心臓は自らの中心を持ち、肺や肝臓や頭部や腕や手や足も自らの中心を持ちます。そして、この骨、この静脈、この関節も自らの中心を持ちます。また、これらの部分を構成し、特定の場所を占める小部分も自らの中心を持つのです。ですから、一次的かつ一般的には全体である個物も、二次的かつ特殊的には個物の異なった部分なのです。

エルピーノ　各々の部分が中心を持つと単純に言うのではなく、それへと動く中心を持つと、彼が言いたかったと解釈できないですか。

フィロテオ　どちらも結局同じことです。実際、動物においては、すべての部分が中央と中心へと向かう必要はありません。なぜならば、このことは不可能にして不都合だからです。そうではなくて、それらが中央に関係付けられるのは、部分の統一と全体の構成を通じてなのです。というのも、分割可能なものどもの生命と維持は、諸部分の必要な統一にしか見出されず、これらの諸部分は、中央や中心とみなすことができる限界点(termine)を持つとつねに考えられているからです。このようにして、全体の構成を通じて、諸部分はたった一つの中央に関係付けられ、各々の部分の構成を通じて、各々の部分の小部分はそれぞれの特殊な中央に関係付けられます。その結果、肝臓は自らの諸部分の統一を通じて成り立ち、肺や頭部や耳や眼やその他の部分も同様なのです。

したがって、多くの部分や（お気に召すなら）部分の小部分の性質に則して、多くの中央が存在するということは、不都合でないだけでなく、たいそう自然に適ったことなのです。なぜならば、これらの中で、一つのものが構成され、実在し、維持されるのは、別のものが構成され、実在し、維持されているからなのです。この哲学者が持ち出すようなナンセンスに関する考察は、明らかに知性にとって軽蔑の対象になるのです。

エルピーノ　この男が獲得した名声のせいで、このようなことになったのです。しかしながら、彼の名声は、理解されないことからもたらされたものであり、その他の理由によるものではありません。それにしても、この紳士が自分の詭弁に満悦している様を少しばかり思い描いてください。彼は、ほとんど勝利の声を挙げて、言っているではないですか。「これらの言葉と理論に反駁が不可能である以上、一つの中央と一つの地平が必然的に存在する」と。

フィロテオ　おっしゃる通りです。どうぞ続けてください。

エルピーノ　その後で、彼は、「単純な運動は有限である」ことを証明します。「世界は一つであり、単純な運動は固有の場所を持つ」という彼の説は、このことに立脚しているのですから。彼はこう言っています。「あらゆる運動可能なものは、特定の限界点から特定の限界点へと動く。そして、あらゆる変化は有限であるがゆえに、出発点と到着点との間にはつねに特殊な相違がある。病気と健康、小と大、「ここ」と「あそこ」はそのようなものである。というのも、健康を回復する者は、好き勝手な方向に向かうのではなく、健康へと向かうからである。したがって、土や火の運動は無限ではなく、出発点とは違う特定の異なった限界点に向かっている。なぜならば、上への運動は下への運動ではないからである。そして、これら二つの場所が運動の地平なのである。このようにして、直線運動には限界があるのである。円環運動も、それに劣らず限界を持っている。なぜならば、円の直径にある運動の変化を考察するならば、特定の限界点から特定の限界点への、反対から反対への往還運動があるからである。円全体の運動は反対を持たない。（というのも、それが終了する点は別の点ではなく、出発点だからである。）しかし、回転が直径の一つの極から別の極への運動として捉えられるならば、その諸部分には反対があるのである」(66)。

フィロテオ　このような理屈に従うならば、運動が有限であることを否定したり、疑問視したりする人はいないでしょう。しかし、別の機会に語り、証明したように、上と下が単純に決められているというのは、間違いです。なぜならば、あらゆるものは、自らを維持する場所がどこにあろうと、あちこちと無差別に動くからです。さらにわれわれは（アリストテレスや彼と同類の人たちの原理を前提として）次のように言うことができます。もしも、土の下に別の物体があるとしたら、土の部分はその中に強制されて残っており、自然本性的にはそこから上昇することになります。そして、もしも火の部分が自らの圏域の上（例えば、天とかメルクリウスの円屋根と考えられている場所）にあるとしたら、それが自然本性的には下降することを、アリストテレスは否定しないでしょう。したがって、すべての物体は、どこにあろうと、どこへ動こうと、自らが維持される場所をできる限り保ち、求めるということを念頭に置くならば、彼らが上と下、重と軽を自然本性的に決めることの迂闊さがわかるというものです。実際、あらゆる物が中央を通じて限界点から限界点へと動き、あらゆる運動が、円を描こうが直線的であろうが、二つの対極によって限定されているとしても、「宇宙は大きさにおいて有限であり、世界は一つである」という帰結は導かれません。また、何らかの特殊な活動における運動そのものが無限であることが反駁されるわけでもありません。というのも、この無限の運動を通じて、この生ける複合的統一体〔宇宙〕を形成し、そこに宿る、あの精神と言われているものが、様々な無限の世界の中に存在し、これからも存在するからです。それゆえに、あらゆる運動（わたしが言っているのは、現行の運動のことであり、個々の特殊な物や全体における絶対的で端的な運動ではありません）が有限であり、無限の諸世界が存在するということは、容認できることなのです。というのも、無限の諸世界の各々が有限であり、有限な領域を持つように、これらの各々および各々の諸部分に、運動の限界が定められていると考えることができるからです。

エルピーノ　おっしゃる通りです。そして、このことに加えて、彼が持ち出す「証拠」を検討しましょう。それは、われわれの立場を損ねず、彼が証明しようとしていることを有利にするわけでもないのですが。彼がこう言っています。「運動は無限に続かない。なぜならば、土と火は、自らの圏域に近づくほど、運動の速度を増す。もしも運動が無限だとしたら、速度も軽さも重さも無限になるはずである」(67)。

フィロテオ　鬼の首を取ったみたいですね。

フラカストリオ　わたしには、手品の遊びに見えます。実際、もしもアトムが刻々と場所を変えて無限に動き、宇宙の無窮の空間を通じて、流出と流入を繰り返し、様々な複合体に結合し、様々な形に合一するならば、それらのアトムは明らかに無限の場所的運動を持ち、無限の空間を駆け巡り、無限の変容に合流することになるでしょう。そして、それらが無限の重さや軽さや速度を保つことは、そこから帰結しないのです。

フィロテオ　第一の部分と元素〔アトム〕の運動は、脇に置くことにしましょう。（存在者の特定の種類である）実体に限定された、近接的な部分——例えば、純粋な土の部分——だけを考察することにしましょう。これらについて正しく言えることは、それらが存在する世界において、それらが行き交う領域において、それらが獲得する形態において、それらは特定の限界点から特定の限界点へしか動かないということです。そして、このことからは、「宇宙は有限であり、世界は一つである」という結論は出ません。それは、このことから「サルは尻尾なしに生まれる」「フクロウはメガネなしでも見ることができる」「コウモリは羊毛を作る」といった結論が出ないようなものなのです。加えて、（これらの諸部分についての話ですが）そこからけっして以下の推論も導き出されません。すなわち「宇宙は無限であり、土（地球）は無限である。したがって、土の部分は連続的に無限に動くことができ、無限に遠ざかっている土に対して無限の衝動と無限の重さを持つ」という推論です。その理由は二つです。第一に、この移動は不可能です。なぜならば、宇宙は対立する諸物体と諸原理から成り立っているので、そのような土の部分は、対立するものに打ち負かされて土としての実体を失うことなしには、エーテル状の領域を動き回ることができないからです。対立するものが勝利することで、それは自らの構成と相貌を変えてしまうのですから。第二に、一般的に見られるように、無限の距離から衝動や軽重が生じうるということは、まったく不可能であり、諸部分の衝動は自らに固有の包含者の領域内においてのみ可能なのです。この領域の外部にあった場合、これらの部分はそこへと動くことはありません。それはちょうど体液（それは動物の中では外の部分から内の部分へと動き、すべての差異に応じて、上昇と下降を繰り返し、あちこちに移動するのです）が、自らを含むものの外に置かれた場合、それに近接していても、そのような自然の力と衝動を失うようなものなのです。したがって、このような衝動が有効なのは、このような特殊な領域において中心から周辺に至る半径によって測られた空間においてなのです。そこでは、周辺には最小の重さが、中心には最大の重さが、中間の部分においては、両局への近さの度合いに応じて、重さの大小が存在するのです。今それを図式化してみましょう。Aは領域の中心を意味します。そこでは（一般的な言葉を使うと）石は重くも軽くもありません。Bは領域の円周を意味します。そこでも同様に軽重は存在せず、石は静止するでしょう。（そこからも、『原因・原理・一者について』の末尾において示された、最大と最小の一致が明らかになります。）1、2、3、4、5、6、7、8、9は、間にある空間の差異を示します。

B
9　重くない、軽くない
8　もっとも重くない、もっとも軽い
7　かなり重くない、かなり軽い
6　少し重くない、少し軽い
5　重い、軽い
4　少し重い、少し軽くない

3　かなり重い、かなり軽くない
2　もっとも重い、もっとも軽くない
A　1　重くない、軽くない

ですから、地球が別の地球へと動くことなど、ありえないのです。また、各々の地球の諸部分も、自らに固有の周辺の外に置かれた場合、そのような衝動を持たないのです。

エルピーノ　この周辺は限定されているとお考えですか。

フィロテオ　はい。最大の部分の中に存在しうる最大の重さに関しては、そうです。あるいは、お望みならば（球全体は重くも軽くもないので）地球全体の中に、と言うこともできます。しかし、軽重の中間的差異については、最大の重さと最小の重さの間に含まれた異なった部分の重量が様々であるように、そこには様々な差異があるのです。

エルピーノ　したがって、この階梯を慎重に理解する必要がありますね。

フィロテオ　才知がある人なら誰もが、それがどのようにしてあるのかを理解できるでしょう。アリストテレスが持ち出した理屈については、もう十分に語りました。彼がさらに何を言うのかを、これから検討することにしましょう。

エルピーノ　この点に関しては翌日話すことにしてください。というのも、アルベルティーノが明日会いに来るからです。われわれと対立する意見について持ち出されうるすべての強力な理論を、彼から聞くことができるでしょう。彼自身、通俗哲学〔アリストテレス哲学〕に十分に通じているのですから。

フィロテオ　あなたの都合に合わせることにしましょう。

第四対話終了

第五対話

アルベルティーノ(68)(新たに参入) この人は、何という空想物、何という聞いたことのない怪物、何という変人、何という奇妙な脳みそなのでしょう。この男は、何という知らせを新たに世界にもたらすのでしょう。何という賞味期限の切れた、古臭いものどもが再生するのでしょうか。何という切断された根がこのわれわれの時代に蘇るのでしょうか。

エルピーノ 切断された根から芽が出て、古いものどもが蘇り、秘められた真理が発見されるのです。新しい光が、長い夜の後に、われわれの認識の地平と半球から姿を現し、われわれの知性の真昼へと少しずつ近づくのです。

アルベルティーノ エルピーノさんが知り合いでなければ、言ってやりたいことがあるのですが。

エルピーノ ご自由にお話しください。もしもあなたがわたしと同じ才能をお持ちならば、わたしのように同意なさるでしょう。もしもより優れた才能をお持ちならば、より早く、より優れたしかたで同意なさるでしょう。

きっと、そうなると、わたしは思っているのです。しかし、通俗哲学と通常の学問を苦手にし、いまだにその不慣れな生徒である人たち（よくあることですが、彼らは自分たちがそのような人間であるとは思っていませんが）にとっては、われわれの考えに同意するのはたやすくないでしょう。というのも、彼らにおいては一般的な信仰が優っており、彼らが手に取った著者たちの名声が勝利しているからです。何しろ彼らは、これらの著者たちの解説者や注解者たちの名声を尊んでいるのですから。しかし、先述した哲学への道が開かれた他の人たちは、残りの人生を他人の言葉を理解するために費やすのではなく、真の能動知性の光と目を自らのものとする地点に達しているのです。彼らは、あらゆる隠れた場所に侵入し、〔百の目を持つ〕アルゴスのように、様々な認識の眼によって、千の扉を通じて、真の哲学をあからさまにするのです。彼らは、接近するにつれて、三つの種類を判別することになります。すなわち、一）信じられていること、二）習慣と一般的な考えに頼って遠くから見ることで、真実として容認されていること、三）事物の真理と実体に基づいており、真に存在し、確かなものとされること、の三つです。しかし、生まれつきの才能に恵まれておらず、様々な学問に関する凡庸な知識さえ持たない人たちは、この哲学を承認するのが難しいでしょう。彼らは、実際、知性の反省的活動が苦手であり、信仰に基づいたものと真の原理の明証性の上に確立されたものとを区別することができません。なぜならば、彼らにとっての原理とは、よく考察されるならば、不可能で自然に反した結論であることがわかるからです。（あの薄汚い、傭兵的な才の持ち主には触れないことにします。彼らは、真理にほとんど気遣うことがなく、通俗的な知で満足しています。彼らは真の知恵の友ではなく、名声を渇望し、外見を追い求め、真実に関心がないのです。）

要するに、しっかりとした正しい判断力を持たない人は、様々な見解や時には相容れない考えの中から選択するのが難しいでしょう。異なったものを比べることができない人は、判断を下すのが困難でしょう。差異の目印を理解しない人は、異なった集合体を比較するのに苦労するでしょう。各々の実体と存在を知らない人は、それらの間の差異を理解することができないでしょう。そして、事物の存在は、その基盤となる原因と原理によって明らかになっていない限り、けっして明晰にはならないでしょう。したがって、これらの異なった哲学の基盤となる原理と原因を知性の眼で見、整えられた思考で考察し、各々の本性、実体、特性を見通し、知性の天秤で測り、二つのものの差異を見抜き、異なったグループを比較し、正しく判断した後に、あなたは躊躇なく真なるものを選び、それに同意することができるのです。

アルベルティーノ　われわれの君主であるアリストテレスが言うには、虚しく愚かな見解に対して気遣うことは、虚しく愚かな人間がすることです。

エルピーノ　立派な言葉です。しかし、よく吟味すると、この考えと助言は、彼自身の見解が明らかに愚かで虚しい場合には、彼に戻ってくることになります。完璧に判断したい人は（先に言ったように）信じる習慣から脱皮することを知らなければなりません。彼は、二つの矛盾する考えの両方を同じように可能であるとみなさなければなりません。彼は、生まれながらに刷り込まれた好みを放棄しなければなりません。この好みは、一般的な会話の中でわれわれに提示されることがあります。あるいは、それを通じてわれわれは、哲学を媒介として、（俗世と訣別して）特定の時代に大衆によって賢者とみなされた学者たちの中に生まれ変わることもあるのです。要するに、異なった大衆によって異なった時代に賢者とみなされている人たちの間で論争が起きる時には、正しく判断することを望むならば、同じアリストテレスが言ったことを思い起こす必要があるのです。彼が言うには、少しのことしか考慮に入れないために、われわれは時として考えをたやすく手放すのです。そして、別の場合には、習慣の力によって、見解は時にはわれわれの同意を完全に支配し、その結果、不可能であることが必然的に見え、真であり必然的であることが不可能であるとみなされることになるのです。もしもこれらのことが自明なことにさえ生じるならば、立派に措定された原理の堅固な基盤を必要とする、疑わしいことに関しては、言わずもがなでしょう。

アルベルティーノ　アリストテレスが知らなかったことを知ることはできない、と注釈者アヴェロエスとその他多くの人たちは考えています。

エルピーノ　アヴェロエスと彼の多くの取り巻きは、低次元の才能しか持ち合わせておらず、濃い闇の中にいたために、彼らが見ることができた高く明るいものがアリストテレスだったのです。ですから、もしもアヴェロエスとその取り巻きが同様の考えを吐露するにあたって、もっとはっきりと話したならば、アリストテレスは彼らにとって神である、と言ったことでしょう。そうして、アリストテレスを賛美するだけでなく、自らが取るに値しない人間であることを示したことでしょう。というのも、彼らにとってのアリストテレスは、猿にとって世界で一番美しい生き物が子猿であり、地上でもっとも魅力的な男性が大猿であるようなものなのです。

アルベルティーノ　〈泰山鳴動して…〉

エルピーノ　ネズミ一匹さえ生まれないのがわかるでしょう。

アルベルティーノ　多くの人たちがアリストテレスに戦いを仕掛けましたが、刀折れ矢尽きてしまいました。

エルピーノ　一つの虚栄がもう一つの虚栄に対して戦を挑んだからといって、どうなるのでしょうか。一方が他方よりも強いということになっても、だからといってそれが虚栄でなくなることにはなりません。そして、最後には、それは真理によって発見され、打ち負かされることになるのです。

アルベルティーノ　論証によってアリストテレスに対抗することは不可能だと言っているのです。

エルピーノ　ずいぶんと向こうみずな発言ですね。

アルベルティーノ　アリストテレスが言っていることを十分に考察し、よく知ったうえで、そう言っているのです。彼の発言の中には過ちが見つけられるどころか、そこに見出すものにはすべて神気が漂っています。わたしが気づかなかったことを、他の人が気づくことができるとは到底信じられません。

エルピーノ　それでは、あなたは自分の胃と脳で他人の胃と脳を測り、あなたに不可能なことは他人にも可能でないと信じるのですね。地上には運に見放されたたいそう不幸な人たちがいます。彼らは、あらゆる善を剥奪されているだけでなく、運命の決定によって復讐の女神と地獄の怒気を永遠の仲間にしています。これらは、破壊的な嫉妬の暗い覆いで彼らの目を進んで曇らします。その結果、彼らは自らの裸形と貧困と悲惨も、他人の装飾と富と幸福も見ることがありません。彼らは、新しい学問に転向し、それまで無知であり、無知な道案内についていたことを告白する羽目になるよりも、薄汚い高慢な欠乏の中で結核を病み、頑固な無知の肥料の下で埋まっていることを好むのです。

アルベルティーノ　それではあなたは〈言ってみれば〉わたしをこの男の弟子にするつもりですか。わたしは博士であり、数多くの大学で承認され、世界の一流大学で哲学の教授として公に授業をしたのですが、そのわたしが今アリストテレスを否定して、このような人たちから哲学を教われと言うのですか。

エルピーノ　わたしとしては、博士ではなく、無学者として、教えを受けたいものです。そうあるべき者としてではなく、そうではない者として、習いたいものです。わたしはこの人だけでなく、神が定めたいかなる人をも師として受け入れるつもりです。なぜならば、彼らはわたしが理解しないことを理解させてくれるからです。

アルベルティーノ　それでは、あなたはわたしを再び子供にする気ですか。

エルピーノ　むしろ、子供から脱却させようとしているのです。

アルベルティーノ　ご親切、痛み入ります。あなたはわたしをこの悩める人の聴講者にすることで、わたしを高みへ導くつもりなのですから。しかし、この人は大学で嫌われ、一般的な教説と対立し、少数者にしか賞賛されず、誰からも承認されず、万人に迫害されているのです。

エルピーノ　万人といっても、それがどういう人たちなのかが問題です。少数者といっても、もっとも優れた英雄たちです。彼が一般的な教説の敵であるのは、それらが教説であるからでも、一般的であるからでもなく、誤謬であるからです。大学で嫌われているのは、似ていない者同士の間には愛がないからです。悩める人であるのは、大衆は自分たちの外にいる人に反対するからです。自らを高みに置く人は、大衆の標的になるのです。

思弁的な事柄に関する彼の心を述べるならば、彼は教えることよりも理解することに興味を持っています。あなたたちが彼に教えようとしている時には、彼は（効果が期待されさえすれば）新しい話を傾聴することに、あなたたちが彼から教えを乞う時以上の喜びを見出すのです。なぜならば、彼は教えることよりも学ぶことをより多く求めており、教えることよりも学ぶことに自分がより適していると考えているからです。さあ、フラカストリオと一緒に彼が到着しました。

アルベルティーノ　フィロテオさん、よくいらっしゃいました。

フィロテオ　あなたこそ、ようこそ。

アルベルティーノ

森で干し草や藁を
牛や羊や山羊やロバや馬と共に反芻していたが
今や過ちのない、より良き生を求めて
わたしは求道者になろう(69)。

フラカストリオ　みなさん、よくいらっしゃいました。

アルベルティーノ　今に至るまで、あなたの立場は聞くにも答えるにも値しないものだと思っていました。

フィロテオ　わたしも若い頃アリストテレスに専念していた時には、ある時期までは、同じように考えていました。しかし、より多くの認識と考察を経て、事物に関してより成熟した判断が下せる今となって、わたしが学びを放棄し、頭がおかしくなったと言うのでしょうか。もっとも、病人は自分の病気に一番気づかないものであり、わたしは教説から無知へと押しやられてしまったと疑われてもしょうがないかもしれません。ですから、この種の狂気からわたしを解放することができると万人によって考えられている医者〔アルベルティーノのことを、皮肉を交えて指している〕に出会えてとても満足しています(70)。

アルベルティーノ

もしも病が骨髄に達していたら
自然も、わたしも、なすすべがない(71)。

フラカストリオ　お願いですから、先生、まず脈を取り、尿を見てください。その後で、治療ができるか判断することにしましょう。

アルベルティーノ　脈をとる方法は、わたしがこれからお聞かせするいくつかの議論をあなたがどのように解決し、解きほぐすことができるかを見ることです。これらの議論は、無限の世界どころか、複数の世界も不可能であることを、必然的に結論づけるのですが。

フィロテオ　このことを教えてくだされば、とてもありがたいです。そして、あなたの意図が成功しないとしても、わたしの考えを確証するのに寄与してくださることで、わたしはあなたに対して恩義を感じることになるでしょう。というのも、あなたを通じて、わたしは反対意見の全貌を知ることができると確信しているからです。通常の学問に通暁している者として、あなたはそれらの学問の基礎と建物の強さをたやすく見抜くことができるでしょう。それでは、話が中断されず、各人が思いのままにすべてを説明できるように、あなたが堅固で主要であるとみなし、論証にけりをつけると思われる、すべての議論を提示してください。

アルベルティーノ　そうすることにします。

第一に、この世界の外には場所も時間もあるとは思えません。なぜならば、第一の天や、われわれからもっとも離れている第一の物体や、第一の動者と言われるものがあるからです。それゆえに、われわれは、世界の最高の地平を天と呼ぶ習慣を持っているのです。この最高の地平には、すべての不動の星々が固定されてとどまっており、それらは諸々の球体を動かす知性なのです(72)。また、次の理由もあります。すなわち、世界を天の物体と元素の物体に分割した場合、後者は限定され、内包されたものとなり、前者は限定し、内包するものになります。そして、世界の秩序というものは、より粗野な物体からより繊細な物体へと上昇し、火の凸体（そこには太陽や月やその他の星々が固定されています）の上にあるものは、第五の元素なのです。第五元素が無限に広がることは、不都合です。その理由は、一）その場合、第一動者に達することが不可能だからです。また、二）その場合、他の諸元素に遭遇することはないからです。というのも、その場合、これらの諸元素は周辺に存在することになり、不滅の神的物体が破壊可能な物体に内包されることになるからです。しかし、このことは不都合です。というのも、神的であるものには、形相と活動がふさわしく、その結果、内包し、形成し、限界づけることがふさわしいからです。それは、質料のように、限界づけられ、内包され、形成されることはないのです。

さらにアリストテレスの議論を続けましょう[73]。もしも、この天の外に何らかの物体があるならば。それは単純な物体か複合的な物体のいずれかです。そして、あなたがどちらを選ぶとしても、わたしはさらに、それが自然の場所としてそこにあるのか、あるいは偶有的で強制された場所としてそこにあるのか、と問いましょう。そこには単純な物体はありません。その理由は、円運動の物体[74]が場所を変えることは不可能だからです。というのも、中心を変えることが不可能であるように、それは位置を変えることが不可能だからです。実際、自らの位置の外にある強制的な力によってでなければこのことはありえません。そして、強制的な力は、能動的にも受動的にも、その中にはありえないのです。

同様に、天の外に直線的な運動を持つ単純な動体があることはできません。重かろうが軽かろうが、それは自然本性的にそこにあることはできないのです。なぜならば、これらの単純な物体の場所は、世界の外と言われる場所とは別であり、それがそこに偶有的にあると言うことはできません。もしもそう言うことができたとしたら、他の物体がそこに自然本性的にあることになるからです。

さて、三種類の場所的運動によって運動する物体がこの世界を構成しており、それ以外の単純な物体は存在しません。このことが証明された以上、世界の外には別の物体が存在しないことが帰結されます。もしもそうならば、そこにいかなる複合体も存在することはできません。なぜならば、複合体は単純な物体から作られ、それらへと解消されるからです。

したがって、多くの世界が存在しないことは明らかです。なぜならば、天は唯一で完全で完成されており、それに似た別のものは存在しないし、存在しえないからです。

それゆえに、この物体の外には場所も、充満も、空虚も、時間も存在しえないことが推論されます。場所が存在しない理由は、もしも場所が満たされていたならば、単純ないし複合的な物体を含むことになるが、すでに言ったように、天の外には単純な物体も複合的な物体も存在しないからです。もしも場所が空虚であるならば、（その中に物体が存在しうる空間と定義される）空虚の理に従って、そこには物体があることでしょう。しかし、すでに証明したように、天の外には物体は存在しないのです。そこには時間は存在しません。なぜならば、時間は運動の数であり、運動は物体についてしか存在しないからです。したがって、物体が存在しないところには運動は存在せず、数も運動の尺度も存在しません。そして、運動の尺度が存在しないところには、時間は存在しないのです。

われわれは、世界の外には物体が存在しないことを証明し、その結果、そこには運動も時間も存在しないことを論証しました。そうであるならば、時間も運動可能なものもそこには存在しません。よって、世界は一つなのです。

第二に、動者が一つであることから世界が一つであることが、主として推論されます。円環運動が真に一つであり、一つの形態を持ち、始めも終わりも持たないことは、認められています。もしもそれが一つならば、結果も一つです。結果は、一つの原因以外の何物からも生じないからです。したがって、もしも第一天が一つであり、その下にすべての下位の天があり、それらすべてが一つの秩序を目指しているならば、支配する動者も一つである必要があります。これは非物質的なので、質料によって数的に分割されません。もしも動者が一つであり、一つの動者からは一つの運動しか存在しないならば、そして運動は（複合的であろうとなかろうと）運動可能なもの（単純であれ、複合的であれ）にしか存在しないならば、運動可能な宇宙は一つであることになります。それゆえに、複数の世界は存在しません[75]。

第三に、運動可能な物体の場所から、世界が一であることが主として結論づけられます。運動可能な物体には三つの種類があります。一般的に重いもの、一般的に軽いもの、そしてどちらでもないものです。すなわち、土と水、空気と火、そして天です。したがって、運動可能なものの場所は三つです。すなわち、（もっとも重い物体が向かう）もっとも下の中央部、そこからもっとも遠ざかっているもっとも上の箇所、そしてもっとも低い部分ともっとも高い部分の中間部です。そして、第一の部分は重く、第二の部分は重くも軽くもなく、第三の部分は軽いのです。第一の部分は中心に属し、第二の部分は周辺に、第三の部分は両者の間の空間に属します。したがって、いかなる世界においても、すべての重いものがそこへと動く低い場所があります。いかなる世界においても、すべての軽いものがそこへと向かう上の場所があります。したがって、いかなる世界においても天が回転する場所があります。よって、一つの場所と一つの世界が存在するならば、複数の世界は存在しません[76]。

第四に、異なった世界の重いものが向かう複数の中央と、軽いものが向かう複数の周辺(orizonte)があるとしましょう。その場合、異なった世界のこれらの場所は、種類において異なるのではなく、数において異なるわけです。そうなると、中央から中央への距離が中央から周辺への距離よりも大きいことになります。しかし、中央と中央は種類において一致し、中央と周辺とは反対です。そうなると、種類において一致するものたちの間には、正反対のものたちの間よりも、より大きな場所的距離があることになります。このことは、そのように対立するものたちの自然本性に反しています。なぜならば、第一に対立するものたちが最大に離れていると言うときには、この「最大」は、感覚可能な対立物の中に存在しなければならない場所的距離によって理解されるからです。複数の世界が存在すると仮定した場合、どういう結果になるかわかるでしょう。したがって、このような仮定は、単に誤りであるだけでなく、不可能なのです[77]。

第五に、もしも種類において似ている複数の世界が存在するならば、それらは等しいか、あるいは(議論の上では同じことになりますが)量において比例関係になければなりません。もしもそうであるとしたら、この世界に隣接する世界は六つを越えることがないでしょう。なぜならば物体同士が侵食し合うことなしに、一つの球に接することができるのは、最大で六つの球だからです。それはちょうど、最大で六つの等しい円が、線を交差することなしに、互いに接触し合うことができるようなものなのです。［図2］そうであるとすると、複数の周辺が多くの点（そこで六つの外の世界がこの世界、ないし別の世界に触れるのですが）において唯一の中央のまわりにあることになるでしょう。しかし、二つの最初の対立者の力は等しくなければならないので、このようなしかたで多くの球を措定すると不平等が生じて、上部にある要素が下部の要素よりも強力になってしまい、前者が後者を打ち負かして、この塊は解消されることになってしまいます(78)。

第六に、諸世界の円は点においてしか互いに接触していないので、一つの球の円の凸面と別の球の円の凸面の間には空間が残されていなければなりません。その空間には、それを満たす何かがあるか、何もないかのどちらかです。もしもそこに何かがあるとすると、それは円周の凸面から遠い元素の性質を持つことはできません。というのも、（ご覧のように）このような空間は三角形であり、三つの世界の円周の一部である三

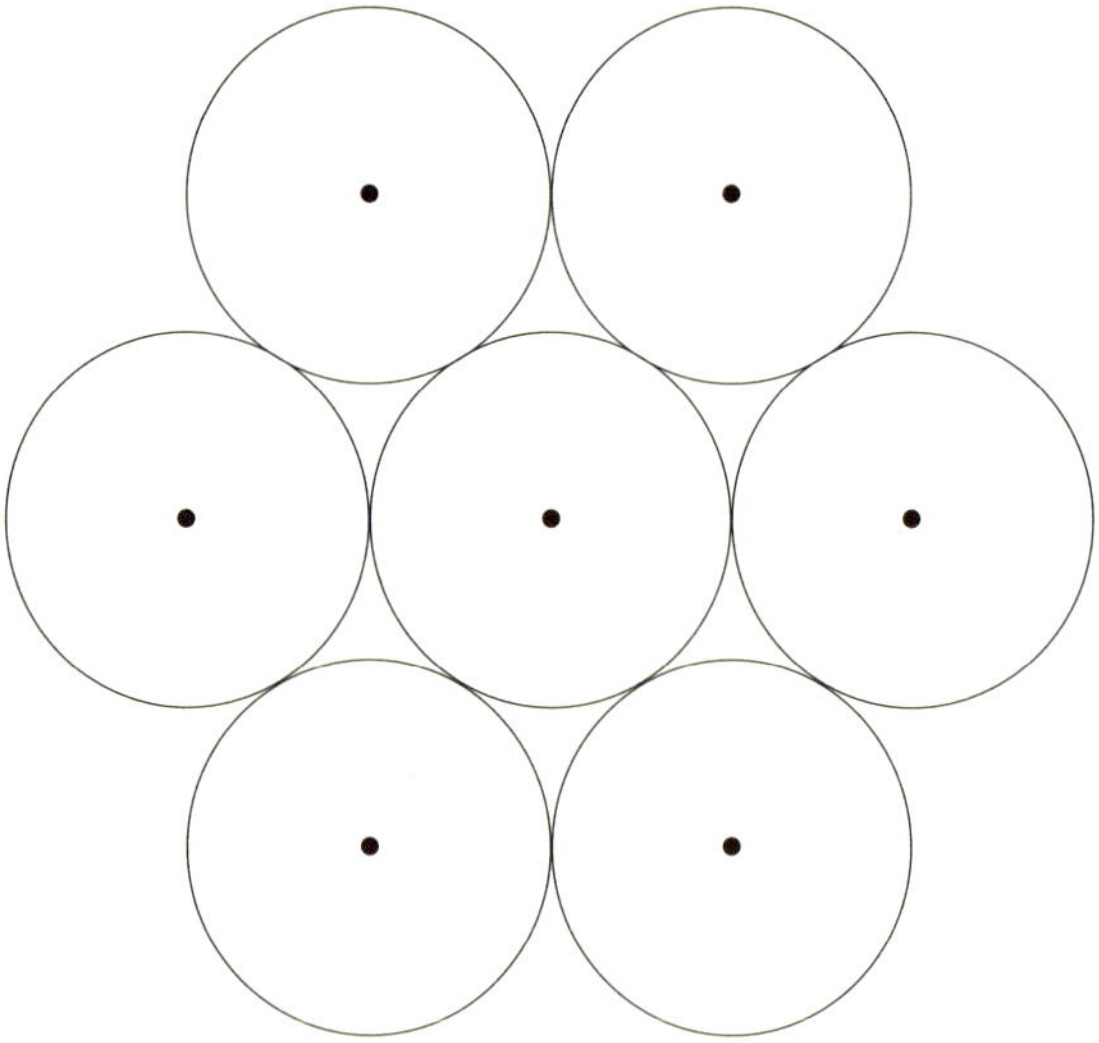

図2

つの弧の線によって限定されているからです。ですから、中央は、角により近い部分よりもより遠くにあり、明らかにわかるように、もっとも遠くにあるのです。したがって、この空間を満たすために、われわれの世界とそれを構成する諸元素とは異なった、新しい諸元素と新しい世界をでっち上げなければならなくなるのです。あるいは、空虚を措定する必要がありますが、それはわれわれが不可能としたことです。

第七に、もしも複数の世界があるとしたら、限られた数であるか無限であるかのどちらかです。もしも無限であるならば、無限が現実態においてあることになります。しかし、このことは、多くの理由によって不可能であると考えられています。もしも限られた数であるならば、何らかの決められた数でなければならず、このことについて以下の問いが生じます。「それらはなぜそれだけの数であり、別の数ではないのか」「なぜそこには別のものが加わらないのか」「別のものを追加するとどうなるのだろうか」「もしも偶数ないし奇数であるならば、なぜ一方が優先されるのか」「条件が同じならば一性の方が優れているのに、なぜ質料全体は、複数の世界に分割されて、一つの世界に集合しないのか」「質料は、四つや六つや十の地球に分割され、なぜ巨大で完全な単一の球体を選ばないのか」「可能なものと不可能なものの中で、なぜ無限なものではなく、有限なものが選ばれるのか。適したものと不適なものの間では、一性のほうが多数や無限よりも理性的であり、自然本性に則っているというのに」。

第八に、すべてのものにおいて、自然が節約を好むことを、われわれは知っています。というのも、自然は、必要なものにおいて吝嗇でないように、余分なものに無駄遣いをしないからです。自然は、この世界の作品においてすべてを実現することができる以上、別の世界を作り出すのは理にかなっていません。

第九に、もしも無数の、あるいは複数の世界があるとしたら、その理由は神がそれらを作ることができるから、あるいはそれらが神に依拠することができるからです。しかし、このことがいかに真であろうとも、だからといって世界がそうであるとは限りません。というのは、神の能動的能力の他に、諸物の受動的能力が必要とされるからです。実際、自然において作られうるすべてのものが神の絶対的な能力に依拠しているわけではありません。すべての能動的能力が受動的能力と一致するのではありません。それができるのは、自らと釣り合いのとれた受動者、すなわち能動者のすべての活動を受け入れることができる実体、を持つ能動的能力だけなのです。そして、いかなる原因によって生じたものも、第一の原因にこのようなしかたでは対応しないのです。したがって、世界の自然本性に関する限り、たとえ神が複数の世界を作ることができたとしても、複数の世界は存在しえないのです(79)。

第十に、世界の複数性が理にかなわないのは、これらの世界の中には、社会的な対話に存する社会的善が存在しないからです。異なった世界の住民たちの間に相互交流を許さないというのは、異なった諸世界の創造主である神々の落ち度になるのです(80)。

第十一に、世界の複数性によって、各々の動者ないし神の仕事に障害が生じることになります。なぜならば、諸々の天球が点において接触することが必然的である以上、一つの天球は別の天球に対抗して動くことはできず、世界の運動が神々によって統御されることは困難になるからです(81)。

第十二に、一つの個体から複数の個体が生じることが可能なのは、そのような行為によって自然が質料の分割を通じて多数になる場合に限られます。そして、この行為は生殖（生成）以外の何物でもありません。アリストテレスもすべてのペリパトス派の学者もそう言っています。一つの種のもとで複数の個体が生じるのは、生殖の行為を通じてなのです。しかし、彼らが同一の質料と同一の種の複数の世界を語るときには、一つの世界が別の世界になったり、別の世界から生じたりするとは言っていないのです。

第十三に、完全なものに加えるものはありません。ですから、もしもこの世界が完全ならば、疑いなく、何かが加えられることを必要としません。世界は完全です。第一に、別の種類の連続体において完結することのない、連続体の一種として、完璧です。数学的に不可分な点は、連続体の一種である線になります。線は、連続体の第二の種類である面になります。面は、連続体の第三の種類である物体になります。そして、物体は別の種類の連続体へと移転も移動もしません。しかし、もしもそれが宇宙の部分であるとしたら、別の物体において完結することになります。しかし、もしもそれが宇宙であるとしたら、それは完全で自らにおいてしか完結しません(82)。

これらが、とりあえずわたしが持ち出す十三の理由です。これらに関して満足のいく回答をいただければ、それで十分です。

フィロテオ　アルベルティーノさん、ある結論を提示し、それを擁護しようとする者は、最初に（彼が完全に狂っていなければ）対立する理論を吟味しなければなりません。それは、城砦が攻撃されうる状況と場所をあらかじめ考慮せずに、それを守る任務を引き受けた兵士が愚かなようなものなのです。あなたが持ち出した理論は〔それらが理論と言えるとして〕かなり共有されており、多くの人たちによって何度も繰り返されています。それらすべてに対して効果的な回答をするためには、一方ではそれらの基盤を考察し、他方ではわれわれの主張のしかたを考える必要があります。これら二つの点は、わたしの回答の筋立てを通じて明らかになるでしょう。回答は、短い言葉でなされるでしょう。もしも更なる説明が必要になれば、エルピーノさんにお尋ねください。彼は、わたしから聞いたことを、あなたに答えるでしょうから。

アルベルティーノ それに成果があり、知ることを望む者を満足させることを、まず示してください。そうすれば、喜んでまずあなたに、そして次に彼に耳を傾けましょう。

フィロテオ あなたも属する賢明で判断力がある人たちにとっては、考察の要点を示すだけで十分です。それを通じて彼らは自力で判断を深めて、矛盾点や対立点へと足を踏み入れる手段を獲得することになるからです。さて、**第一の疑問点**について言えば、天圏と天との相違がなく、この永遠に無窮の空間の中で星々が内的原理によって、自らの中心と別の中心のまわりを動くことを仮定すれば、あの〔アリストテレスが想定した世界という〕機構は灰燼に帰するのです。多くの物体をこの中央部を巡って動かす第一の動者は、現実には存在しません。むしろ、〔地球という〕この一つの球がそのような動きの見かけを生じさせるのです。その理由については、エルピーノさんが語ることになるでしょう。

アルベルティーノ 喜んでお聞きしたいものです。

フィロテオ　もしもあなたが、「彼らの主張は自然に反しており、われわれの主張はあらゆる理と感覚に則り、自然によって確証されるものである」と聞いて、そう考えるならば、「縁《ふち》」や「物体と宇宙の運動の境界」についてこれ以上語りはしないでしょう。そして、このような第一の動者や上位のすべてを包み込む天が存在すると思うのは、虚しい空想でしかないことがわかるでしょう。むしろ全般的な母胎があり、その中には他の諸世界が存在するのです。それはちょうど、この空間の中にこの地球が存在し、空気に取り巻かれており、別の物体に固定されず、自らの中心以外の別の基盤を持つことがないようなものなのです。この地球は、まわりの星々が示すものとは別の属性を示しておらず、それらとは別の条件と自然本性を持つことはできません。このことが分かるならば、この地球が他の地球のどれよりも宇宙の中央にあり、それが他の地球のまわりを回る代わりに他の地球がそのまわりを回ると考えるべきではありません。したがって、結局のところ、自然のこのような無差別が結論づけられ、回転する諸球体の虚しさ、これらの地球を内から動かす魂の力、宇宙の膨大な空間の無差別、宇宙の端や外の形の不条理が分かるのです。

アルベルティーノ　おっしゃることは実際に自然に反しておらず、より多くの適合性を持つことができます。しかし、それは証明が困難であり、反対の意味と理論から自らを解放するには最高の才能が必要とされます。

フィロテオ　糸口が見つかれば、すべてのもつれはたやすく解けるでしょう。というのも、困難は、不都合な仮定から生じるからです。不都合な仮定とは、地球の重さであり、地球の不動であり、第一の動者の位置であり、それに伴う七つ、八つ、九つ、あるいはそれ以上の天圏のことです。これらの中には、星々が植え込まれ、刻印され、嵌め込まれ、釘で止められ、結びつけられ、糊付けされ、彫刻され、描かれている、とされています。そして、それらは、われわれによって地球と呼ばれているこの星とは同じ空間に住んでいないとされているのです。しかし、この地球が、その領域においても、形においても、自然本性においても、他のすべての星々以上でも以下でもない元素から成り、内的原理によって他の神的生物以上でも以下でもない運動を持つということを、あなたは聞くことになるでしょう。

アルベルティーノ　たしかに、この考えがわたしの頭に入ったならば、あなたがわたしに提示する他のすべての考えがそれに続くことでしょう。一つの哲学のすべての根が取り除かれて、別の哲学の根が植えられることになるでしょう。

フィロテオ　このようにして、あなたは、理を通じて、例の通念をまともに受け取ることを軽蔑するようになるでしょう。この通念と結託して、もっとも高く高貴な最高の周辺(地平)が、この有限な地球の不動の動者である神的実体の限界を形成していると俗に言われているのですが。そして、あなたは、以下の考えが少なくとも同じほど信用できると告白することになるでしょう。すなわち、この地球が内的原理によって運動し回転する生物であるように、その他のすべての地球も同様なのです。そして、その他すべての地球が動くのは、われわれが呼吸しているこの空気よりも希薄で繊細で、いかなる粘り強さも抵抗力も持たない物体の運動によってそれらが運ばれるからではないのです。そして、あなたは、通俗的な発言が単なる空想に依拠しており、感覚的に論証することができないと考えるようになるでしょう。そして、われわれの発言をあらゆる統制された考えと十分な基盤を持つ理論に則ったものであると思うようになるでしょう。そして、あなたは、凹凸の表面を持つ想像上の天圏が動かされて、自らとともに星々を運ぶということはもはや真実らしくないことを認めるようになるでしょう。そして、無限の落下や無限の上昇を恐れることなしに（というのも、無窮の空間には、上下、右左、前後の差異はないからです）、星々は（後に説明することになる）自らの持続的な生命によって、互いのまわりを回ると考えるようになるでしょう。そして、この想像上の天の周辺の外に、直線運動を行う、単純なあるいは複合的な物体が存在することも理解するようになるでしょう。というのも、この地球の部分が直線的に動くように、他の地球の部分もそれに劣らず直線的に動くことができるからです。なぜならば、この地球は、それを取り巻くその他の地球とは別のものでできているのではなく、その他の地球が地球のまわりを回るように見えるのと同様に、地球もその他の地球のまわりを回るように見えるからです。

アルベルティーノ　原理と原因に関する最小の誤謬が最大の相違と誤謬の危険を最終的にもたらすことが、以前にもまして今分かりました。一つの単純な不都合が少しずつ数を増やし、無数の他の不都合へと枝分かれするのです。それはちょうど、小さな根から巨大な機構と無数の枝が生じるようなものです。フィロテオさん、お願いですから、あなたが説明されていることを、ご自身でわたしに証明してください。ふさわしく真実らしいとわたしが考えていることを、真実として開示してください。

フィロテオ　時間が許す限り、そうしましょう。そして、多くのことに関してはあなたに判断を委ねましょう。それらが今に至るまであなたに隠されてきたのは、無能ゆえではなく不注意ゆえだったのですから。

アルベルティーノ　すべてを箇条書きと結論の形で述べてください。あなたがこの見解に達する前には、反対意見の力を十分に検討されたことを、わたしは知っています。あなたは、わたしに劣らず通俗哲学の秘密に通じていらっしゃるのですから。議論を続けてください。

フィロテオ　したがって、天の外に場所や空虚や時間を探す必要はありません。なぜならば、全般的な場所は一つであり、われわれが自由に空虚と呼ぶことができる無窮の空間は一つであり、その中には数えきれない、無数の地球が（われわれが住まい、われわれを養うこの地球と同じように）存在します。このような空間を無限と呼ぶのは、それが有限である理も都合も可能性も意味も自然本性もないからです。その中には、この世界に似ており、類においてこの世界と変わらない、無数の世界が存在します。なぜならば、われわれのまわりのこの空間におけるのと同様に、それとは自然本性の上で異ならず別でないすべての他の空間においても、それらが存在しないという理由も、（受動的能力と能動的能力における）自然の能力の欠如もないからです。

アルベルティーノ　あなたが最初におっしゃったことが真ならば（実際、それは、今に至るまで、信憑性において反対意見に引けを取らないのですが）、このことは必然的です。

フィロテオ　したがって、世界の想像上の周辺と凸面の外には、時間が存在します。なぜならば、そこには運動の尺度と理があるからです。なにしろそこには似たような動く物体があるのですから。そして、このことは、あなたが世界の一性の第一の理由としておっしゃったことに関して、部分的に仮定され、部分的に提案されているのです。

二番目におっしゃったことについては、第一の主要な動者は本当に存在するとあなたに断言します。しかし、この動者が第一にして主要なのは、それがある種の階梯を通って、第二、第三、そしてその他の段階を経て、数を数えながら、中間や最終の段階へと下降することができるからではありません。実際、そのような動者は存在せず、存在することもできないのです。なぜならば、無数の数があるところには、数的な段階と秩序は存在しないからです。理や価値に応じて段階と秩序が存在するのは、異なった種や類に関する場合か、あるいは同一の類ないし同一の種の中の異なった段階に関する場合のどちらかだからです。したがって、これら無数の天圏域の中には、無数の魂が存在するように、無数の動者が存在するのです。それらは内的な形ないし現実態であって、すべて一つの原理に依拠しています。この原理は、第一のものであり、精神や魂や神々や神霊や動者に動かす能力を付与し、質料や物体や下位の自然や可動なものに動かされる能力を付与するのです。したがって、無数の動かされるものと動かすものが存在し、それらはすべて受動的な原理と能動的な原理に還元されるのです。それはちょうど、あらゆる数が一性へと還元され、無限の数と一性が一致するようなものです。そして、すべてを形成する最高の現実活動とすべてになりうる活動可能性は一つになるのです。このことについては、『原因・原理・一者について』の末尾で示されています(83)。それゆえに、数と多数の中には無数の動かされうるものと無数の動かすものが存在します。しかし、一性と単一性の中には、無限の不動の動者と無限の不動の宇宙が存在します。そして、この無限の数と大きさは、あの無限の一性と単一性と、もっとも単純で不可分な原理である真の存在者の中で一致するのです。したがって、第一の動者が存在し、ある種の秩序を保ちながら、それに第二の動者が続き、さらに最後の動者ないし無限に系列が進行するのではありません。そうではなくて、すべての動かされうるものは、第一の宇宙の動者に同じように近接し、同じようにそれから遠ざかっているのです。それはちょうど、(論理学の言葉を使えば)すべての種は同一の類に対して、そしてすべての個体は同一の種に対して、同等の関係を持つようなものなのです。このように、無限の空間における無限の宇宙の動者から、無限の宇宙の運動が生じ、それに依拠して、無数の動かされうるものと無数の動かすもの(それらの各々は量においても実行力においても有限です)が存在するのです。

第三の議論に関しては、エーテル状の領域には、特定の点があり、重いものが中心へ向かうようにそれへと動き、軽いものが周辺へ向かうようにそこから離れていくわけではありません。なぜならば、宇宙には中心も周辺もないからです。そうではなくて、(お望みならば)中心はすべての中にあり、あらゆる点の中に(何らかの別の中央や中心に関連して)何らかの周辺の一部を見つけることができるのです。さて、われわれに関して言えば、この地球の周辺から中央に向かって動くものが相対的に「重い」と言われ、反対のしかたで反対の場所へと動くものが「軽い」と言われるのです。そして、重いものはどれも、同じものでありながら、軽いということがわかるでしょう。というのも、地球のすべての部分は、次々に位置や場所や気質を変えるので、幾世紀もの長い経過の中では、周辺部にならない中心部は存在しません。また、中心部になったり、そこへと向かったりしない周辺部も存在しません。重さと軽さは、物体の部分が(それがどこにあろうとも)自らを含み維持するものに対して持つ衝動でしかないことがわかるでしょう。それゆえに、場所の相違がこのような部分を自らへと引き付けたり、自らから遠ざけたりするのではなく、自己保存の願望が、内的原理として、あらゆるものを押しやり、あるいはそれを（邪魔が入らない限り）導いて、対立するものを避けて都合が良いものへと到達するようにするのです。したがって、月やその他の（種や類において）地球に似た世界においても、部分は一つになろうとして、あたかも重さの力によるかのように、周辺から球体の中央へと動き、あたかも軽さの力によるかのように、微細な部分は周辺へと運ばれるのです。その理由は、部分が周辺から逃げるからでも周辺にしがみつくからでもありません。もしもそうだったならば、部分は周辺に近づくほど、より迅速に動くことでしょう。そして、中心から遠ざかるほど、反対の場所へとより力強く達することでしょう。しかし、われわれはその反対を見ているのです。実際、地球の領域の外へと動いた場合、部分は空中にぶら下がり、上昇も下降もしません。そして、より多くの部分を獲得したためか、あるいは冷によってより多くの重さを獲得したために、下にある空気を分けて、自らを含むものへと戻ります。あるいは、熱によって分解され弱められて、アトムに解消されるのです。

アルベルティーノ　星々とこの地球との間に相違がないことをもっとたっぷりとお示しくだされば、このことはわたしの心にしっかりととどまることでしょう。

フィロテオ　エルピーノさんは、わたしから聞いた通りに、このことに関してたやすくあなたに答えることができるでしょう。そして、重さと軽さは、宇宙の領域における何らかの物体に属するものではなく、自らを含み維持する全体との関わりの中で、部分に属するものであるということを、彼はあなたにもっとはっきりと説明してくれるでしょう。というのも、これらの部分は、自らを現在の存在において維持する欲求によってあらゆる異なった場所へと移動し、海と水滴がするように、一つに統合したり、太陽や他の火を前にして液体がするように、分解されたりするのです。なぜならば、内的原理によるあらゆる自然の運動は、不都合で正反対なものから逃げ、友好的で好都合なものを追いかけるものだからです。ですから、反対のものに追い出されない限りは、いかなるものも自らの場所から動きません。いかなるものも、自らの場所においては、重くも軽くもありません。しかし、空中に持ち上げられた土は、自らの場所へと力づくで動こうとする間、重く、重く感じられます。同様に、空中に持ち上げられた水は重く、自らに固有の場所においては重くありません。ですから、水に潜れば、水全体は重くありませんが、空中にある、水でいっぱいの小さな容器は、乾いた土の表面の外にあるので、重くなるのです。自分の胸の上の頭は重くありませんが、他人の頭が上に置かれたら、重くなります。その理由は、それが自らの自然な場所にないからです。したがって、重さと軽さが都合の良い場所への衝動とその反対の場所からの逃走である以上、自然本性において重さや軽さを持つものはありません。そして、自らを維持するものからたいそう遠ざかり、それと反対のものからもたいそう離れている場合、何一つとして、それが一方の有益性や他方の煩わしさを感じない限り、重さも軽さも持ちません。しかし、もしも一方のものから煩わしさを感じた場合、それは絶望と当惑に陥り、反対のものから解決をうることがない場合、打ち負かされることになるのです。

アルベルティーノ　あなたは約束のほとんどを実行しました。たいしたものです。

フィロテオ　同じことを二度繰り返さないために、エルピーノさんに残りをお任せします。

アルベルティーノ　全部がわかる気がします。というのも、一つの疑問が別の疑問を刺激し、一つの真理が別の真理を示すからです。わたしは、説明できる以上のことを、理解し始めました。今まで確実だと思っていた多くのことが、疑わしく思われ始めました。ですから、あなたに同意することが、少しずつたやすくなってきました。

フィロテオ　もしもわたしを十分に理解なさるならば、十分にわたしに同意なさることでしょう。しかし、当面は、以下のことを気に留めてください。すなわち、少なくとも、論争が始まる前に反対の見解においてお示しになった頑迷さを、放棄してください。実際、わたしは、少しずつ、異なった機会を通じて、課題に関して可能なすべてのことを十全に示すことになるでしょう。それは、より多くの原理と原因に依拠しています。なぜならば、一つの誤りが別の誤りに加わるように、一つの真理の発見が別の真理の発見に続くからです。

第四の議論に関するわれわれの見解は、以下のものです。すなわち、個体や球体や天圏や世界の数だけ中央があるとしても、だからといって各々の部分が自らの中央の代わりに別の中央に関係付けられることはなく、自らに固有な領域ではなく別の周辺へと遠ざかることもありません。したがって、この地球の部分は別の中心を目指すわけでなく、この地球以外の別の球体と一つになろうとするわけでもありません。それはちょうど、動物の体液と部分が自らの体の中で流れと逆流を繰り返し、数的に異なった別のものに帰属しないようなものです。あなたが不都合であると持ち出した議論、すなわち種において他の中央と一致する中央が他の中央に対して持つ距離は、自然本性において対立している（もっとも離れており、そうあるべきである）中央と周辺の間の距離よりも大きい、という議論には次のように答えましょう。第一に、反対のものたちは最大限遠ざかっている必要はなく、むしろ一方が他方に対して働きかけたり、他方から働きかけられたりすることができる程度に離れていれば良いのです。その例として、われわれに近い太陽が、そのまわりを回る諸々の地球に対して持つ関係が挙げられます。実際、一方の対立物が他方の対立物によって存在し、命を持ち、栄養を受け、その間に一方が影響を受け、打ち負かされ、他方と一つになる、ということを、自然の秩序はもたらしているのです。加えて、少し前にわれわれはエルピーノさんと四元素の状態について語りました。それらはすべてそれぞれの球体の形成に部分として寄与します。それらの中の一つは別のものの中に植え込まれており、一つのものは別のものと混ぜられています。そして、それらは、含まれているものと含むもののように、異なって判別できないのです。というのも、乾いた土があるところにはどこでも水と空気と火が、顕在的ないし潜在的に、あるからです。そして、われわれが球体についてなす区別(それらの一部は太陽のように火であったり、別の一部は月と地球のように水であったりするのですが)は、それらが単純な要素によってなっているからではなく、それらの複合において支配的な要素に基づいているのです。加えて、対立しているものどもが最大に離れているというのは、完全な誤りです。なぜならば、すべてのものにおいて、対立しているものどもは自然本性において結合し、一つになっているからです。宇宙は、主要な部分においても、それに続く他の部分においても、このような集合と統一によって成り立っています。実際、自らの内に水を結合していない土の部分は存在しません。水なしには、土には濃度もアトムの結合も頑丈さもないのですから。加えて、いかなる土の物体も、感覚で捉えられない孔を持たないほど密度が高いわけではありません。もしもこれらの孔がなければ、そのような物体は火やその熱によって分割可能で浸透可能ではないでしょう。熱とは、そのような実体から生じる感覚可能なものなのです。湿って熱い物体に達していない冷たく乾いた物体の部分はどこにもないのです。したがって、諸元素のこの区別は自然のものではなく、論理的なものなのです。太陽が自らの領域において地球の領域から遠いとしても、だからといって空気や乾いた土や水が地球以上に太陽から離れているわけではありません。なぜならば、太陽も地球も同じように複合的な物体だからです。もっとも四つの元素と言われているものの中で、太陽において支配的なものと地球において支配的なものは別なのです。加えて、もしも対立物の間に最大の距離がなければならないとするこの論理に自然が適合することを望むならば、あなたの軽い火と重い土の間に、重くも軽くもないあなたの天が置かれる必要があります。そして、もしもあなたがこの秩序を諸元素と呼ばれているものにのみ当てはめるならば、それらは別の秩序を持つことになるでしょう。すなわち、もしも火が元素の領域においてもっとも軽いものの場所である周辺にあるならば、水は中央のもっとも重いものの場所を占めることになるのです。なぜならば、冷たく湿っている水は、二つの性質において火の正反対なので、熱く乾いた元素からもっとも離れていなければならないからです。そして、あなたが熱く湿っていると言う空気は、冷たく乾いた土からもっとも離れていなければなりません。したがって、自然の真理に則って検討しようが、あるいは彼らに固有の原理に則って計測しようが、このペリパトス的命題がいかに不都合であるかがお分かりになるでしょう。

アルベルティーノ　たいそう明白に分かります。

フィロテオ　われわれの哲学が理に反していないことも、お分かりになるでしょう。この哲学は、一つの原理へと還元され、一つの目的へと関係付けられ、対立物を一致させます。その結果、両者は第一の基体に属することになり、この一致から最終的には「対立物は対立物の中にある」と神的に言われ、考えられるのです。そこから、「あらゆるものはあらゆるものの中にある」と知るに至るのは難しくありません。アリストテレスとその他のソフィストたちはこのことを理解することができなかったのです。

アルベルティーノ　喜んであなたに耳を傾けましょう。これほど多くのこととこれほど異なった結論がたった一度の機会に全部証明できないことは分かっています。しかしながら、わたしが必然的であると考えていたことが不都合であることをあなたは明らかにされたのですから、同じか似たような理由でわたしが必然的であると考えているその他すべてのことに対して、わたしは疑いの目を向けています。ですから、わたしは、沈黙して注意深く、あなたの基盤、原理、そして議論を聞くつもりです。

エルピーノ　アリストテレスがもたらしたのは黄金時代でないことがお分かりになるでしょう。今は、あなたが提起した疑問を解決しましょう。

アルベルティーノ　他の疑問については、さほど知りたいとは思いません。というのも、わたしが希求しているのは、諸原理に関する教説だからです。これらの原理が分かりさえすれば、これらの疑問やその他の疑問は、あなたの哲学に則って、解決されるからです。

フィロテオ　これらについては、後で考察しましょう。

第五の議論についていては、もしも多くの無数の世界を、あなたたちが空想するのに慣れている複合体の理論に則って想像するとしたら、どうなるのか考えてみてください。〔その場合〕通俗的に考えられた四元素の複合体の外に、八つ、九つ、あるいは十の別の天があり、それらを形成する質料はそれらが内包するものとは違うことになります。そして、それらは急速に回転することになります。そして、このように秩序付けられた球体の世界の外には、その他多くの球体で、同様に運動している世界があるということになります。そうなると、われわれは、どのようにして一つの世界が別の世界と連続し、結合するのかについて、理屈を考え、でっちあげる羽目になるのです。さらに空想を続けると、「地球はいくつの周辺の点において、まわりにある諸世界の周辺と接触しているのか」という問題が生じます。そうなると、世界のまわりに複数の周辺があるとしても、それらは一つの世界のものではなく、各々の周辺が各々の世界に対して持つ関係を、一つの周辺は別の周辺に対して持つことになります。なぜならば、影響の範囲は、世界が回転する領域に限定されるからです。それはちょうど複数の動物が互いに接触するように押し込められた場合、だからといって一匹の四肢が他の動物に属することがないようなものです。この場合、動物の一匹ずつに複数の頭と胴体が属することはないのです。しかし、われわれは幸いにもこのような言い訳を必要とするような窮状にはおりません。というのも、これら多くの天がある場所に、これら多くのものがさまざまな速度で、まっすぐや斜めに、東や西に、世界や黄道を軸として、さまざまな量で、大小の傾きを持って動いている場所に、われわれは唯一の天、唯一の空間を持っているからです。そして、この唯一の空間を通って、われわれが住むこの星とその他すべての星々は自らの回転と移動を行っているのです。一方に、無数の諸世界、つまり数えきれない星々があり、他方には無限の空間、すなわちそれらを内包し、それらによって踏破される天があるのです。すべての天体がこの中央を巡って回転するという空想は取り除かれました。この地球は自らの中心のまわりを、まわりを取り巻く光から見れば、二十四時間の内に回転しているのです。したがって、われわれの領域のまわりに固定された天体を、すべてを内包している諸々の天圏が運んでいるという考えも棄却されました。そして、各々の天体には、われわれが回転円(epiciclico)と呼ぶ、あの固有の運動だけが帰属することになるのです。この運動だけが、各々の天体をその他の動く天体から区別するのです。そして、これらの天体は、われわれの地球が自らの中心と火の元素のまわりを回るように、自らの魂のみを動因として、(永遠でないとしても)長期にわたって移動するのです。諸世界がどのようなものであり、天がどのようなものであるか、これでお分かりでしょう。天は、われわれが地球のまわりに見るものであり、それは他のものに劣らず、輝ける卓越した天体なのです。諸世界は、光り輝く容貌を見せて、くっきりとわれわれに姿を現します。そして、それらは特定の距離を互いの間に置いています。そこでは、いかなる部分においても、一つのものが別のものに近づくことはありません。月がこの地球に対して持つ距離や諸々の地球がこの太陽に対して持つ距離以上に、それらが互いに近づくことはないのです。このようにして、さまざまな理由や尺度や季節に即して、このもっとも冷たい地球は、向きを変えながら、特定の時間と相貌のもとで、太陽によって温められます。そしてある種の有為転変によって、地球は、われわれが月と呼ぶ近くの地球と譲り合いながら、交互に太陽からもっとも離れたり、太陽にもっとも近づいたりするのです。それゆえに、月は、ティマイオスと他のピュタゴラス主義者たちによって反対の地球（antictona terra）と呼ばれたのです。これらはすべて生き物が住む世界ですが、これらの世界自体が宇宙のもっとも主要でもっとも神的な生き物なのです。それらのどれもが、われわれの世界に劣らず、四元素によって複合されています。もっとも、能動的な性質が支配的な世界もあれば、別の性質が支配的な別の世界もあるのです。したがって、水によって感覚可能な世界もあれば、火によって感覚可能な世界もあります。これらの世界を合成する四元素に加えて、すでに言ったように、無窮のエーテル状の領域があります。万物はその中で動き、生き、養われています。このエーテルは、あらゆるものを内包し、あらゆるものに浸透します。それは、複合体の内部に見出される限り（つまり、複合体の一部をなす限り）一般的に「空気」と呼ばれます。そして、それは海のまわりや大陸の間では、高山に閉ざされて、南や北から嵐のような暗雲をもたらす水蒸気になるのです。そして、それが純粋であり、複合体の一部でなく、その中で複合体が動き、移動する、場所にして包含者である限り、それは適切にも「エーテル」と呼ばれます。この名称は、走ることに由来しているのです。それは、地球の内奥で動かされているものと実体においては同一ですが、それでも別の呼ばれ方をするのです。それは、われわれのまわりにある時には、「空気」と呼ばれます。そして、われわれの複合体の中に入り込み、肺や動脈やその他の空洞や孔の中に見出される時には、「精気」と呼ばれるのです。同じものが、冷たい物体のまわりでは、蒸気において固まり、灼熱の天体のまわりでは、火のように微細になります。そして、このようにして生まれた火は、その強烈な熱に燃える、厚みを持った物体と結合して、はじめて感覚可能になるのです。したがって、エーテルは、自らの自然本性に従えば、特定の性質を持ちませんが、近くの物質が差し出すすべての性質を受け取ります。そして、これらの能動的な原理の効力が及ぶ地平の内部で、それらを運ぶのです。こうして、諸世界がいかなるものであり、宇宙がいかなるものであるかが示されました。ここからあなたは現在の疑問だけでなく、他の無数の疑問も解消することができるでしょう。そして、多くの真の自然学的結論に達するはじめの一歩を歩むことができるのです。もしも今に至るまで何らかの命題が仮定され、証明されていないように思われるならば、目下の所、わたしはそれをあなたの判断に委ねようと思います。あなたの判断は、混乱を免れていないとしても、真理そのものに達する前に、対立する意見よりもそれをより蓋然性が高いものとみなすでしょうから。

アルベルティーノ　フィロテオさん、話してください。お聞きしますから。

フィロテオ　このようにして、われわれは**第六の議論**も解決しました。この議論は、諸世界が点において接触しているという理由で、あの三角形の領域の中に何が見つかるかを問うているのです。というのも、この領域は、〔この議論に従えば〕天の自然本性も諸元素の自然本性も持たないからです。しかしながら、われわれが提案する天の中では、諸世界が自らの空間と領域と十分に互いの距離を持っています。そして、天はすべてを通じて拡散し、すべてに浸透し、すべてを包摂し、すべてに接続し、連続しており、いかなるものも空虚にしません。もっとも、この同じものは、その中ですべてが動く場所のようなものであり、その中ですべてが走り回る空間のようなものなので、お望みならば、それを、多くの人がそうしているように、空虚と呼ぶことができるでしょう。あるいは、空虚として理解される第一の基体と呼ぶこともできます。そのわけは、それがいかなる場所にも属さないがゆえに、お望みならば、否定的で論理的なしかたで、それを(自然と実体によってではなく)理屈によって、存在者と物体とは異なったものとして措定することができるからです。したがって、場所の中に(この場所が有限であれ無限であれ、物体的であれ非物体的であれ、全体的であれ部分的であれ)存在しないものはありません。結局のところ、この場所は空間でしかなく、この空間は空虚でしかありません。そして、もしもわれわれがこの空虚を永続的なものとして理解しようとするならば、諸世界を内包するエーテル界と呼ぶことができるのです。もしもわれわれがそれを一貫性のあるものとして理解しようとするならば、それをその中にエーテル界と諸世界が存在し、それ自体は別のところには存在しえない、空間と呼ぶことができるでしょう。ですから、輸送軌道や、神的質料や、天の自然本性よりももっと希薄であったり稠密であったりする部分や、第五元素や、その他の基体も真理も欠いた空想物を、軽微なきっかけから命名し始める人たちとは反対に、われわれには新しい元素や世界をでっち上げる必要はないのです。

第七の議論については、宇宙は一である、と答えましょう。宇宙は、エーテル状の領域と諸世界の連続体にして複合体なのです。そして、諸世界は無限であり、宇宙の異なった領域に存在すると考えられ、実際に存在するべきです。それはちょうど、われわれが住むこの地球がこの空間と領域に存在すると考えられ、実際に存在するようなものです。このことについては、以前、エルピーノさんと話しました。その際、わたしはデモクリトスやエピクロスやその他多くの人たちの言葉に賛同し、それを確証したのです。彼らは、しっかりと目を開いて、自然を眺め、自然の執拗な声に耳を閉ざさなかったのです。

それゆえ、ただ新しいからといって、こわがり、
真理を心から投げ捨てないように、むしろ鋭い判断によって
よく吟味してほしい。そして、もしそれが真実と見えるなら
手を上げたまえ。もしまた間違っていたら、攻撃したまえ。
じじつ精神は理解しようと欲するのだから、この世界の
防壁の外、全空間が限りなく広がっているところ、
精神がはるかに望むところ、自由な思考が自ら
飛びゆかんとするところ、そこには何が存在するのかを。
まず始めにいう事は、いたるところでどの方向にも
また、両側にも、上にも下にも、全宇宙にわたって一つの
限界もないことである、それは先にわたしが教え真実自身が
声高く叫び、深い虚空の本性が明らかにしているところである(84)。

自然は節約の中にとどまるという、**第八の議論**に対しては、ルクレティウスは、以下のように叫んでいます。

たしかにわれわれはこのことを大小の諸世界の各々において見聞していますが、だからといってそれをすべての世界にて見ているわけではありません。というのも、われわれの感覚の眼は、終わりを見ることなしに、提示される無窮の空間に打ち負かされて、混乱し、常に増殖し続ける星々の数に圧倒されるからです。結果として、感覚が限定されないまま、理性は場所に場所を、空間に空間を、領域に領域を、世界に世界を常に付け加えることを強いられるのです。

それゆえに、あらゆる方向に空虚な空間がひろがり
数しれぬ元素が深遠な空虚の全体の中を
永遠につづく運動にかりたてられ、多数のしかたで
とびまわっていながら、ただこの一つの大地と天空だけを作り、
その外にはかの大量の元素は何ごともなしてはいないとは
まったくありそうにも思えないことである。
アイテールが嫉妬深く抱いている
この世界と似た、物質(アトム)の集合がどこかよそにも
また必ずあることを認めなければならない(85)。

第九の議論は、以下のことを想定するが、証明はしていません。すなわち、一）無限の能動的力（potenza）に無限の受動的力は対応していない。二）質料は無限の基体となることができず、無限の空間に広がることはない。三）したがって、行為と活動は、行為者と釣り合うことはできない。四）行為者はすべての行為を伝達することができるが、だからといってすべての行為が伝達されるわけではない。（これ以上に明かな矛盾を想像できるでしょうか。）この理不尽な想定に対して、ルクレティウスは以下のように見事につぶやいています。

さらにまた物質は数多く用意されてあり、空間もその場にあり、
何ものも、いかなる原因もさまたげないのだから
きっと事は行われなしとげられるに違いない、
それで、もし種子（アトム）が無数に、生きとし生けるものが
生涯かかってもかぞえきれないだけあり
この世界で物の種子（アトム）を結合させた同一の力と
自然とが存在して、同じようにして、
いたるところで種子（アトム）を結合させることができるなら
宇宙の他の場所においても、他にも大地があり
さまざまな人類、獣の種族があると認めなくてはならない(86)。

別の〔第十の〕議論については、次のように答えましょう。すべての人間が一人の人間であり、すべての動物が一匹の動物である必要がない以上に、異なった世界の間の善き市民的な交流は必要ありません。経験を通じて知られているように、自然が海と山によって生き物の種族を区別したということは、この世界の生き物にとってより良い結果をもたらしました。しかし、人間の技術がこれらの間に交易をもたらしたことで、良いことよりも悪いことが加わったのです。というのも、交流を通じて、徳が増す以上に、悪徳が倍増するからです。ですから、悲劇詩人の嘆きは的を射たものなのです。

見事に別れていた世界の境界を
テッサリアの船は一つにし、
海が鞭打たれることを命じた。
そして海は見捨てられて、
われわれの恐怖の一部となった(87)。

第十一の議論に対しては(88)、第五の議論に対するのと同じ答えができます。すなわち、諸世界の各々はエーテル界で自らの場所を占め、互いに接触したりぶつかったりしません。むしろ、対立するものから破壊ではなく栄養を得ることができるようにと、諸世界は距離を保って移動し、場所を占めるのです。

第十二の議論は、自然の増殖は質料が分割を決意することによるものであり、このような行為は〔一つの個体が親として、他の個体を息子として生み出す〕生殖以外にはなされない、と主張しました。それに対するわれわれの反論は、このことは一般的に真ではない、ということです。というのも、一つの塊から、一人の職人の働きかけによって、様々な形や無数の形態を持つ多くの異なった壺が生産されるからです。加えて、ある世界が破壊され、再生される時には、完全あるいは不完全な動物たちの生産は、生殖を原理とせずに、自然の力によって実現されるからです。

第十三の最後の議論は、この世界や別の世界が完全であることから他の諸世界は必要とされない、というものでした。それに対する答えは、たしかに一つの世界の完全性と自立性(sussistenza)のために、他の諸世界は必要とされないが、宇宙に固有の自立性と完全性のためには、諸世界が無限である必要がある、というものです。したがって、このもの〔宇宙〕やあれらのものども〔諸世界〕の完全性からは、あれらのものどもとこのものが完全性において劣るという帰結にはなりません。なぜならば、そのようにして、このものはあれらのものどもと同様に、自らの部分によって成り立ち、自らの構成要素によって完全無欠だからです。

アルベルティーノ　フィロテオさん、大衆の声も、俗衆の怒りも、愚者たちの呟きも、大物ぶった人たちの軽蔑も、頭のおかしい人たちの愚かさも、衒学者たちの馬鹿さ加減も、嘘つきたちの通報も、悪意ある人たちの苦情も、嫉妬深い人たちの中傷も、わたしからあなたの高貴な姿を奪いはしませんし、あなたとの神的な会話を邪魔することもありません。親愛なるフィロテオさん、耐え抜いてください。愚かさと無知の、偉大で重厚な元老院が、多くの悪巧みを通じてあなたの神的な企てと高貴な仕事を破壊しようとしたからといって、勇気を失い、後退りをしないでください。そして、次のことを確信してください。すなわち、最終的にはすべての人たちがわたしが見ているものを見ることになり、あなたを賛美することは誰でも簡単にできるが、あなたに教えを授けることはすべての人たちにとって難しいということを知ることになるのです。すべての人たちは（完全に邪悪でない限り）良き良心のもとに、あなたに対して好意的な考えを抱くでしょう。各人は、心の内なる教師に最終的には教えられるからです。というのも、精神の財産は、われわれの精神そのものからしか生み出されないからです。そして、すべての人たちの心の中には生得の健康があり、それが、知性の気高い法廷に座して、善と悪、光と闇の判定を下すのです。それゆえに、彼らは、自らの考えから、あなたを擁護しようと、忠実で公平無私の証人にして弁護人になるのです。仮に彼らがあなたの友にならずに、怠惰にも、混乱した無知を擁護し、ソフィストたちに賛同して、あなたの頑迷な敵対者で居続けるとしても、自らのうちに、あなたのための復讐者として、死刑執行人と悪党を見出すことでしょう。そして、これら死刑執行人と悪党は、深い思いの内部に隠されれば隠されるほど、苦しみを与えることになるのです。このようにして、復讐の女神の粗い髪の毛から取られた地獄の虫は、あなたに対する自らの企てが破綻したのを見て、敵意に満ちた犯人の手と胸に怒り狂って飛びかかることでしょう。そして、このような蛇の尖った歯に噛まれたところには、冥土の毒が飛び散り、死がもたらされるのです。どうか以下のことをわれわれに教え続けてください。すなわち、天は本当は何であるのか、すべての惑星と天体が何であるのか、無限の諸世界はどのようにして区別されるのか、無限の空間はどのようにして不可能でないどころか必然的であるのか、どのようにしてこのような無限の結果は無限の原因にふさわしいのか、万物の真の実体、質料、活動、始動因はどのようなものであるのか、同一の原理と元素からどのようにしてあらゆる感覚可能な複合的なものが形成されるのか、について教え続けてください。無限の宇宙を認識するよう、説得してください。数多くの元素と天の内と外とを境界づける、凹凸の表面を破棄してください。輸送軌道や固定された星々を滑稽なものにしてください。目の見えない俗衆に信じられている、第一の動者と究極の凸面の鋼の壁を、活発な議論の怒号とともに、破壊し投げ捨ててください。この地球が唯一の固有の中心であるという考えを破壊してください。第五元素についての恥ずべき信仰を取り除いてください。われわれのこの天体と世界が、われわれが見ることができる、その他多くの天体や世界と同じように成り立っていることが分かるようにしてください。無限で広大な諸世界と無限のより小さな諸世界が、秩序正しく継起することによって、等しく互いに養われるようにしてください。外部の動者を、これらの天の縁《ふち》と一緒に壊してください。この天体が他の天体と無差別であることが分かる扉を開いてください。この世界と同様に、他の諸世界もエーテルの中に自存していることを示してください。すべての世界の運動は内なる魂から生じることを明らかにしてください。そうすれば、われわれは、観想の光によって、より確かな足取りで、自然の認識へと進むことでしょう。

フィロテオ　エルピーノさん、ブルキオ博士がこれほど早く、いやけっして、同意に至らなかったのはどうしてでしょう。

エルピーノ　わずかな見聞から多くを考え、理解することができるには、才能が眠っていないことが必要だからです。

アルベルティーノ　今まで輝く惑星の全貌を見ることができませんでしたが、わたしの知性の閉ざされた窓の狭い隙間から拡散する光線から、この光線が人工的なまやかしのランプや月や低位の星の輝きでないことに気づきました。ですから、未来のより大きな学びのために、準備をいたします。

フィロテオ　あなたともっと親しくなれれば、ありがたいです。

エルピーノ　それでは、夕食としましょう。

第五対話終了

訳注

(1) ミシェル・ド・カステルノー (Michel de Castelnau, 1520-1592) は、一五七四年以降、アンリ三世の命令でエリザベス女王の英国でのフランス大使の職にあった。アンリ三世の紹介によって、ブルーノは一五八三年から彼の庇護下で英国に滞在した。

(2) 形質はイタリア語 specie、ラテン語 species の訳語である。この語は、アリストテレス哲学の eidos (形相) のラテン語バージョンであり、中世哲学において独自の進化を遂げたが、大雑把に言うならば、事物のイメージのようなものである。もっとも、このイメージは、われわれ人間が事物に対して抱くものではなく、事物自体から発して、われわれの感覚と認識へと達するものである。

(3) ルクレティウス『事物の本性について』第一巻九六八―七三、九七七―七九行。

(4) ルクレティウス『事物の本性について』第一巻九九八―一〇〇一、一〇〇六―一〇〇七行。

(5) ここでは、神と宇宙との関係が論じられていると思われるが、議論が簡潔すぎて意味がわからない。

(6)『自然学』第四巻第二章 (209a-210a) 参照。この難解な箇所で、アリストテレスは、プラトンの『ティマイオス』を批判しつつ、場所を形相や質料と区別する議論を様々な角度から展開している。

(7) この部分はテキストにおいて欠落している。

(8)この部分もまた欠落している。
(9)この詩は、後に刊行された『英雄的狂気』第一部第四対話第二節の詩と部分的に対応している。
(10)フィロテオは、ブルーノ哲学の代弁者。フラカストリオは、北イタリアの科学者ジロラーモ・フラカストロ(一四八三―一五五三)を連想させる。彼は、医学のみならず、天文学にも造詣が深かった。エルピーノとブルキオは、ともに架空の人物である。エルピーノはアリストテレス主義者として登場するが、フィロテオとの対話を通じてブルーノ哲学の信奉者になる。ブルキオは、頑迷なアリストテレス主義者を代表し、喜劇的な役回りを演じることになる。
(11)アリストテレス『自然学』第四巻第三章(210a25-210b27)、第五章(212a31-212b22)参照。
(12)『自然学』第四巻第四章(212a2-212a29)参照。
(13)『自然学』第四巻第五章(212a31-213a11)参照。
(14)アリストテレス『天界について』第一巻第九章(279a16-22)参照。
(15)『自然学』第四巻第五章(212b11-13)参照。
(16)『自然学』第四巻第四章(212a2-6; 212a20-21)参照。
(17)『自然学』第四巻第二章(209b10-11)参照。
(18)ここで「類似物」と訳したsimulacroは、新プラトン主義のイコン(eikon像)に該当する。プロティノス『エネアデス』第五巻、八、一二において、世界は神のイコンと呼ばれている。
(19)ここでの議論は、クザーヌス『学識ある無知』第二部第三章に見られる、包含(complicatio)と展開(explicatio)の思想に依拠している。
(20)『自然学』第四巻第六―九巻参照。

(21) ここでの議論もまた、クザーヌス『学識ある無知』第二部第三章に見られる、包含(complicatio)と展開(explicatio)の概念を前提としている。

(22) この難解な箇所では、神の無限と宇宙の無限の相違が語られている。神は、宇宙とその中に含まれている万物を生み出し、維持する無限の力であり、空間の制約を受けない。したがって、神は万物の中に「全体的に」(つまり分割されずに)現前している。この意味で、神は端的に無限なものであり、限定する(制約し、秩序づける)ものである。宇宙は、無限な空間として、無限であるが、それは同時に神の制約(限定)の元にある。また、宇宙は空間全体としては無限だが、分割可能であり、「全体的に」無限なわけではない。

(23) 神においては、自由と必然性は同一なのである。この重要な思想は、後にスピノザによって(ブルーノへの言及無しに)継承されることになる。

(24) ここでは、プロテスタントの予定説が批判されている。同様の批判は、『傲れる野獣の追放』において激越なものになる。

(25) これに類する議論は、アリストテレスの『自然学』第八巻第六章(258b10-280a19)及び『形而上学』ラムダ巻第七章(1072a22-25)に見られる。ただし、ブルーノが読んだアリストテレスのテキストは、現在の校訂版とはかなり違っており、ブルーノがこれらの箇所を参考にしていたかは疑わしい。

(26) この思想は、本書の前に刊行された『原因・原理・一者について』第二巻で詳しく述べられている。

(27)『ティマイオス』52a-b。

(28) このような著作は実在しない。空虚に関するアリストテレスの議論は、『自然学』第四巻に見出される。

(29) 以下の議論におけるブルーノの戦略は、アリストテレスの『天界について』第一巻五―七章における議論を批判的に検討することにある。

(30)『天界について』第一巻第五章 271b1-17 参照。
(31)『天界について』第一巻第五章 271b17-23 参照。
(32)『天界について』第一巻第五章 271b30-272a5 参照。
(33)『自然学』第八巻第三章 254a22 参照。
(34)『天界について』第一巻第六章 273a8-22、および同書第一巻第七章 274b10-13 参照。
(35) 三つの不都合と書かれているが、実際には五つ列記されている。ここでは、無限を否定するアリストテレスの立場から議論が進められている。元になっている著作は、『天界について』第一巻第六章 273a22-274a18 である。議論の要諦は、仮に無限の物体を認めるとなると、そこに無限の重さも認めざるを得なくなるが、そうなると様々な不都合が生じることになる、ということである。これらの議論は、はしょられているせいか、難解極まりなく、「五つ」を「三つ」と数えていることからもわかるように、わかりやすく整理されたものとは言い難い。ブルーノは、これに続く箇所で、これらの議論を「虚しい議論」と呼んでいるので、読者は、細部にとらわれることなく、「ここでアリストテレスは奇妙な議論をしているな」と思っていただいて構わない。アリストテレスの議論の問題点は、彼が無限を有限と同じ次元で捉えていることにある。
(36) この箇所の議論は、クザーヌス『学識ある無知』第二巻第一一・一二章の影響を受けている。
(37)『天界について』第一巻第七章 274a30-274b7 参照。
(38)『天界について』第一巻第七章 274b8-274b17 参照。
(39)『天界について』第一巻第七章 274b19-20 参照。
(40)『天界について』第一巻第七章 274b20-23 参照。

(41)『天界について』第一巻第七章 274b20-23 参照。
(42)『天界について』第一巻第七章 274b23-29 参照。
(43)『天界について』第一巻第七章 274b33-275a13 参照。
(44) この箇所は逐語訳すると「第一の能動者が第三の受動者に対して持つ比例関係を、第二の能動者が第四の受動者に対して持つ比例関係に変えれば」となるが文意が不明瞭である。清水純一氏の訳が前後の文脈に合致しているので、それを使わせていただいた。
(45)『天界について』第一巻第七章 275a13-23 参照。
(46)『天界について』第一巻第六章 274a7-8、『自然学』第八巻 252a13 参照。この定式は、スコラ学において常套句となり、クザーヌスはそれを『学識ある無知』第一巻第三章で取り上げている。
(47)『天界について』第一巻第七章 275a24-275b4 参照。
(48)『自然学』第三巻第三章 202b3-22 参照。
(49)『天界について』第一巻第七章 275a24-275b4 参照。
(50)『自然学』第三巻第五章 204b10-22 参照。
(51)『天界について』第一巻第七章 275b6-9 参照。
(52)『天界について』第一巻第七章 275b9-11 参照。
(53) ルクレティウス『事物の本性について』第五巻五九二―六〇九行参照。
(54)『学識ある無知』第二巻第一二章からの引用。
(55) アリストテレス『気象学』第一巻第三章 339b13-16 参照。

(56) ヘラクレイトスへの言及と思われる。
(57) 頑丈な木靴を履いて遊説したフランチェスコ派の修道士のこと。
(58) エラスムス『格言集』二三三九参照。
(59)『天と世界』という著作はアリストテレスにはない。関連する箇所は、『天界について』第一巻第八章 276a18-22 に見出される。
(60)『天界について』第一巻第八章 276a23-276b21 参照。
(61) コペルニクスと彼の後継者たちのこと。
(62)『天界について』第一巻第八章 276b22-25 参照。
(63) 当時は、皮膚の移植手術はすでに行われていた。しかし、ここに書かれているような、鼻のような器官の移植は行われていなかった。ブルーノのここでの主張は、風聞に基づいていたと思われる。
(64)『天界について』第一巻第八章 276b22-277a27 参照。
(65)『天界について』第一巻第八章 276b29-32 参照。
(66)『天界について』第一巻第八章 277a14-26 参照。
(67)『天界について』第一巻第八章 277a27-33 参照。
(68) 一説では、イギリスに亡命し、オックスフォードに滞在していたイタリア人、アルベリコ・ジェンティーリ (Alberico Gentili, 1552-1608) がこの人物の元になっているらしい。
(69) 無名のバーレスク詩からの引用と思われる。
(70) 以下、しばらくは、アリストテレス主義という「正道」から外れて、新しい哲学という病に陥ったフィロテオが、アルベルティーノの治療を受けるという、皮肉たっぷりの情景が続く。

(71)アリオスト『狂えるオルランド』第二四巻第三章に類似の表現がある。

(72)アリストテレス『形而上学』ラムダ巻第八章 1073a24-1074b14 参照。

(73)『天界について』第一巻第九章 278b21-279a18 参照。

(74)原文では「球体の物体」(corpo sferico)だが、アリストテレスのテキストでは、「円運動の物体」である。そのほうが、これに続く箇所の「直線的な運動」とも対応しているので、あえて「円運動の物体」とした。

(75)アリストテレス『形而上学』ラムダ巻第八章 1074b36-38 及び『天界について』第三巻第二章 300b32-301a3 参照。

(76)『天界について』第一巻第三章 269b18-270a12 参照。

(77)『天界について』第一巻第八章 276a30-276b25 参照。

(78)第五の議論は、それに直結する第六の議論とともに、アリストテレスのテキストには見出されない。これらの議論は、後に書かれたブルーノのラテン語著作『三重の最小者』における「数学的な」思弁を先取りしている。ブルーノは、アリストテレスとは無関係の自らの萌芽的な考察を、アリストテレスの諸議論の中にあえて挿入していることになる。

(79)この議論に該当する箇所は、アリストテレスではなく、トマス・アキナス『神学大全』第一部第七問題第二項に見出される。

(80)アリストテレス『形而上学』ラムダ巻第十章 1075a11-24 参照。

(81)アリストテレス『自然学』第八巻第十章 267a21-23 参照。

(82)『天界について』第一巻第一章 268b6-10 参照。

(83)『原因・原理・一者について』第五対話参照。

(84)ルクレティウス『事物の本性について』第二巻一〇四〇―一〇五一行。

(85) ルクレティウス『事物の本性について』第二巻一〇五二―五六、一〇六四―六六行。

(86) ルクレティウス『事物の本性について』第二巻一〇六七―七六行。

(87) セネカ『メデア』三三五―三三九行。

(88) 実際には、ブルーノの回答は第十の議論に該当する。

解説

本書の位置付け

『無限・宇宙・諸世界について』がロンドンにて刊行された一五八四年は、ジョルダーノ・ブルーノ（Giordano Bruno, 1548-1600）の波乱に満ちた人生の中でもっとも豊穣な年であった。コペルニクスの地動説を擁護し、アリストテレスを信奉するイギリスの学者たちと激しい論争を惹起した『聖灰日の晩餐』、アリストテレス哲学に代表される伝統的哲学では軽視されていた質料の能動性を強調し、世界霊魂と質料を融合することによって、スピノザにつながる汎神論的世界観を提起した『原因・原理・一者について』が同じ年にすでに刊行されていた。そして、本書の刊行後には、やはり同じ年に、ブルーノ倫理学の大著『傲れる野獣の追放』が出版された。本書は、『聖灰日の晩餐』の宇宙論と『原因・原理・一者について』の形而上学を引き継いで、無限の宇宙の中に無数の世界が存在するという独自の宇宙論を確立し、『傲れる野獣の追放』における新しい倫理学の土台を築いたのである。ブルーノの創造力はそれで止まらず、翌年には、喜劇と哲学を混淆した奇書『天馬のカバラ』とペトラルカ的な恋愛の伝統を新たな形而上学によって捉え直した『英雄的狂気』が刊行された。しかし、二年半に及ぶイギリスでの生産的な時期は、一五八五年七月にブルーノがフランスに出発することで幕を閉じた。イギリス滞在以前と以後の著作は、喜劇『カンデライオ』を除いてすべてラテン語で書かれている。イタリア語で書かれた六つの哲学的著作は、イギリス滞在の短い時期に一気呵成に書かれたのである。

ブルーノの哲学書がイギリスにおいてのみイタリア語で書かれたことの背景については、アクイレッキア等によって詳細な研究がなされているが、とりわけ重要な点は、エリザベス女王の宮廷に通う知識人たちの間でイタリア語がよく知られた言語であったということである。ブルーノは、オックスフォードの学者たちの言語であるラテン語ではなく、イタリア語によってロンドンに台頭していた新たな知識人たちに広く語りかけようとしたのである。

ブルーノの言語は、ラテン語においてさえ、伝統的な学者の言語を超えた、自由な語りを模索しているように見えるが、この傾向はイタリア語著作において飛躍的に高められた。ラテン語という学者の言語から解放され、ブルーノのイタリア語著作は、自由な言語の豊穣な遊戯によって特徴づけられている。それはちょうど、同じ時代のバロック絵画が、古典主義的なデッサンの美ではなく、多彩な色彩の遊戯を楽しんだのに似ている。ブルーノは、古典的な調和の取れた形式美ではなく、過剰なほどに饒舌な言語を愛した。このような言語は、従来は、哲学よりもむしろ喜劇というジャンルにふさわしいものであった。ブルーノの最初のイタリア語著作『カンデライオ』がルネサンス・イタリアの代表的喜劇の一つに数えられているのは偶然ではない。彼の哲学の言語は、後の時代の「行儀のいい」哲学者たちの言葉遣いに比べて、過剰なほどに冗長であり、時には笑いとばし、時には罵詈雑言する。この特徴は、『聖灰日の晩餐』や『天馬のカバラ』に顕著であるが、本書にも散見される。もっとも、本書は、後述するように、アリストテレス天文学の批判と克服を目指しており、そのぶんアリストテレスからの「引用」が多く、他のイタリア語著作に比べて、比較的抑制された（それでも現代の読者にとってはかなり激越な）言葉で書かれている。

本書のタイトルとテーマ

本書のタイトルについては、大きく分けて、二つのバージョンがある。第一のバージョンは、De l'infinito universo et Mondi（ないし小文字の mondi）とするもので、本書の初版の表紙と奥付に見出される。（煩わしいことに、それ mondi が表紙では大文字、奥付では小文字で書かれている。）この場合、infinito は「無限な」という形容詞になり、それに続く宇宙（universo）を修飾することになる。そうするとタイトルは、「無限な宇宙と諸世界について」となる。もっとも、厄介なことに、イタリア語の形容詞は、複数の名詞の前に置かれるとき、直近の名詞に合わせた形を取るが、内容的には複数の名詞にかかる場合がある。また、「無限な」と訳した infinito は「無数の」と訳すこともできる。形容詞が二番目の名詞である mondi（諸世界）にもかかると解釈した場合、タイトルは「無限な宇宙と無数の諸世界について」となる。

第二のバージョンは、infinito の後にコンマを入れ、De l'infinito, universo et mondi とするもので、第一対話の冒頭に見られ、後に書かれた『英雄的狂気』においても同様の表記が見出される。この場合、infinito は形容詞ではなく、独立した名詞となる。結果として、それは「無限」ないし「無限なるもの」として、後に続く「宇宙」および「諸世界」と併記されることになる。このバージョンは、アクイレッキアによるベル・レトレ社刊行の校訂版でも採用されており、拙訳もそれに従い、『無限・宇宙・諸世界について』とした。

どちらのバージョンも言わんとすることは似ているが、ニュアンスには違いがある。ベル・レトレ社の校訂版に付されたミゲル・アンヘル・グラナーダの詳細な解説によれば、第一のバージョンでは、宇宙と諸世界に焦点が当てられており、無限はそれを修飾するものであるのだが、第二のバージョンでは、焦点は無限に当てられ、その具体的な在り方として宇宙と諸世界が記されている。したがって、それは「無限、すなわち宇宙と諸世界について」あるいは「無限について——宇宙と諸世界——」という意味合いを持つ。第一のバージョンが宇宙論・世界論だとすれば、第二のバージョンは一義的には無限論なのである。本書の訳者は第二のバージョンにより共感を感じているが、だからといって第一のバージョンが「間違っている」わけではない。テキストでの表記の混同が原因である以上、どちらを選択するかは、ある意味「好み」の問題である。

このような混同が生じた理由は、この著作が短期間のうちに上梓され、しかも印刷にもブルーノが関与し、適切な編集者がいなかったことによる。実際、『聖灰日の晩餐』第一対話に至っては、ブルーノ自身が印刷の途中で修正を施したことにより、二つの版が存在するほどである。本書の中にも、ブルーノのケアレスミスと思われる箇所が存在するが、それについてはその箇所における注で指摘をした。

細かい話になってしまったが、要するに、本書では宇宙と諸世界が無限という位相のもとで論じられる。そして、無限という位相のもとではじめて、宇宙と諸世界は区別される。後述するように、アリストテレスの有限な宇宙論では、宇宙と世界の区別は曖昧になるからである。ブルーノは、一般的には個々の星を、そして時には太陽系のような星々のまとまりを「世界」(mondo)と呼ぶ。そして、無数の世界が、生命体として、宇宙の無限の空間の中を自由に動いていると考えた。このような宇宙観は、古代ギリシャのアトム論、十五世紀ドイツのニコラウス・クザーヌスの神学的思弁、そしてコペルニクスの天文学によって準備されてきたが、本書は、これらの先駆者たちの功績を受け継ぎつつも、それらとは一線を画した、大胆な無限宇宙論を構築したのである。

アリストテレスとの対決

本書の顕著な特徴は、アリストテレス天文学との全面的な対決である。もちろん、イタリア語著作全体を通じて、アリストテレスは、ブルーノの主たる論敵であった。その理由は、アリストテレス主義が当時の大学の学問を占有し、コペルニクスの科学に代表される新しい思想の台頭を妨げていたことにある。『聖灰日の晩餐』におけるアリストテレス主義者たちとの激越な言葉のやり取りは、アリストテレス主義のこのような支配に対する抗議の声でもあったのだ。『天馬のカバラ』においては、悪辣なロバ(オノリオ)が登場し、自らが前世においてアリストテレスとして生まれ、意図的に邪説を流布したと告白するに至っている。

これらの著作と比較した場合、本書に登場するアリストテレス主義者たちは、謙虚であり、フィロテオが語るブルーノ哲学に対して聞く耳を持っている。唯一、ブルキオだけが、傲慢不遜なアリストテレス主義者であるが、彼はほとんど議論に加わらずに、第三対話の末尾に罵詈雑言を放って去っていく。結果として、本書は、(アリストテレスに対する揶揄的な表現は残っているとはいえ)アリストテレス天文学とがっぷり四つになって取り組む姿勢に貫かれている。このことは、本書に特有の魅力である。

したがって、本書を理解するためには、アリストテレス天文学の基本的な構造をあらかじめ理解しておくことは有益である。「天圏」や「場所」などに関するアリストテレスの思想は、現代の常識からかけ離れているからである。とはいえ、アリストテレスの哲学体系の内部では、これらの概念はきわめて合理的なものとみなされていた。以下、アリストテレス天文学の特徴を三つのテーマに絞って紹介する。

一　宇宙の構造

アリストテレス天文学の顕著な特徴は、宇宙の構造にある。地球が宇宙の中心にあり、それを複数の天圏(sphaera)が玉ねぎの皮のように覆っている。そして、月・水星・金星・太陽・火星・木星・土星の七つの惑星の各々は固有の天圏に貼り付けられており、異なった方向に規則的な円環運動を繰り返している。さらに、これらの惑星以外の無数の恒星は第八天圏に貼り付けられ、規則的な円環運動を繰り返す。これがアリストテレス天文学の基本的な構図である。この構図が構想された背景には、星々の複雑な運動を八つの基本的な運動に還元し、理解することがあった。(因みに、ブルーノは天圏を外から数える場合があり、この場合、一番外の第八天圏は第一天圏になる。)もっとも、八つの天圏の運動からだけでは、星々の運行を掌握することは不可能であり、アリストテレス以後の天文学者たちは天圏の数を五五まで増やしていくことになった。（なお、ブルーノは、この点については論じていない。）

これらの天圏の規則的な運動は、不動の動者によってもたらされる。この名称は、それが自ら手を下すことなしに（つまり不動の状態で）、諸々の天圏を動かすことによる。この奇妙な概念は、アリストテレスの目的論の整合的な思考の産物である。それは、ユダヤ・キリスト教的な神のように世界を創造するのではなく、宇宙の最高の目的として世界を動かす。それはあたかも、恋の対象が恋する人を様々な行為へと動かすようなものである。宇宙の諸天圏は、それを希求し、それを求めて動くのだが、けっしてそれに到達できず、円環運動を繰り返す。そして、この円環運動は、天圏の思惟の表現でもある。天圏は、人間を超えた最高度の知性の持ち主なのだ。

不動の動者は、世界を動かすことも、自らが世界と関わることもない。その行為は思惟（それはアリストテレスにとっては最高の行為である）に限定され、思惟の対象は最高の存在者、すなわち自ら、に限定されている。なんとも奇妙な考えであるが、人間と世界の運動の背景に目的を定める、アリストテレスの目的論からすれば、整合的で、ある意味勇気ある、主張である。世界とは、とてつもなく美しい自閉症の神とそれに対する諸天圏の片思いから成り立っているのである。

二　宇宙の有限性

ブルーノが批判する、アリストテレス天文学の第二の特徴は、宇宙の有限性である。アリストテレスにとって、宇宙は八つの天圏によって構成されており、一番外側の第八天圏の外部には何もない。そこには、空虚すらないのである。このことは、場所に関する彼の理論とも密接に結びついている。アリストテレスにとって場所とは、その中に物があったりなかったりする空間ではなく、特定の事物の位置を規定する境界である。したがって、第八天圏の周縁をその場所と規定することはできても、周縁を超えて場所を想定することはできない。したがって、有限な宇宙の外部には場所はない。宇宙を有限と想定する以上、その外部を想定することはできないのである。この考えは、アリストテレスの前提を共有する限り、整合的である。したがって、仮に誰かが宇宙の端に立って、外へと槍を投げたならば、その槍はどこへ行くのかというエピクロスによる批判は、アリストテレスの立場に立つ限り、ナンセンスである。なぜならば、この批判は、宇宙の外に空間があるという、アリストテレスが認めない論点を先取りしているからである。このように、アリストテレスの天文学は、現在の天文学の常識からすれば奇妙なものであっても、堅固な論理によって構築されており、その伝統の内部からは容易に解体できないものであった。

アリストテレスにとって、我々がその中にいるこの有限な宇宙は唯一無二の存在であり、それ以外には宇宙は存在しない。ブルーノは、太陽系のような有限な体系を「世界」と呼び、このような世界が無数に存在する無限の空間を「宇宙」と呼ぶが、アリストテレスの立場から見れば、「宇宙」と「世界」の区別はなくなる。このことは、本書を理解するうえで、重要なポイントである。

三　天と自然の峻別

第三の特徴は、天（コスモス）と自然（ピュシス）の峻別である。アリストテレスは地球を宇宙の中心と見なし、その周りを七つの惑星が回転すると考えたが、その中で地球にもっとも近いものが月である。そして、月が天と自然との境界をなしている。月より上の（すなわち第八天圏へと至る）領域は、天圏の規則的な円環運動によって支配されており、生成も消滅も知らない不滅の世界である。土・水・火・空気の四元素はそこには存在せず、エーテルという空気に似た清浄な元素から成り立っている。

それに対して、月より下の（すなわち地球の）領域は、直線運動によって特徴付けられており、生成と消滅が繰り返される。その中では、四元素が運動を繰り返すが、これらの元素には、地球を下、天を上とする固有の場所が定められている。

このことが示すように、地球を中心とするアリストテレスの宇宙論は、けっして人間中心的ではない。人間が住む地球は、場所的には宇宙の中心を占めているとはいえ、価値的には月から上の領域に比べてはるかに劣っている。当然、人間も価値において、最高の存在者ではない。人間の不確かな思考は、不動の動者を思惟し続ける天圏の安定した思考には及ばない。したがって、人間にとって最高の活動は、可変的な地上の世界における政治や倫理の領域を離れて、普遍的な原理を考察することである。この行為をアリストテレスは観想（テオーリア）と呼び、実践（プラクシス）の上に置いている。

このように、アリストテレスの天文学は、宇宙を閉ざし、その内部に上（第八天圏）から下（地球）への価値の階梯（ヒエラルキー）を作り出した。そして、哲学者は、人間の中で唯一、観想に従事するものとして、特権的な地位を獲得することになった。

ブルーノの哲学は、これら三つの特徴を持つ閉ざされた世界観に対する徹底的な挑戦であった。本書がアリストテレス天文学との全面的な対決であるということは、本書の構造に反映されている。本書の登場人物は、ブルーノの代弁者であるフィロテオと自然哲学に詳しいフラカストリオを除いて、三人のアリストテレス主義者である。フィロテオ自身も元々はアリストテレス哲学を信奉しており、彼を含むと五人の登場人物のうち四人までがアリストテレス哲学の影響を受けている。彼らの立ち位置は、アリストテレス哲学との関係によって測ることができるのだ。まず、フィロテオ（ブルーノ）はかつてアリストテレス哲学を受け入れていた（ブルーノ自身、イギリスに来る前のフランス滞在期にアリストテレス自然学に関する講義を行っていた）。しかし、今やそれと対立する独自の哲学を確立している。第一対話から第四対話まで、フィロテオとの主たる対話の相手であるエルピーノは、アリストテレス哲学の信奉者として登場するが、第一対話の進行の中でアリストテレス哲学からブルーノ哲学へと立場を変える。そして、最後には、ブルーノ哲学の代弁者になる。ブルキオは、頑迷なアリストテレス主義者である。彼は、対話の流れから取り残されてしまうが、第三対話の終盤になって、アリストテレスを批判するフィロテオらに対して怒りをぶちまけ、罵詈雑言の後に姿を消す。第五対話になって初めて登場するアルベルティーノは一流大学で講義を行う高名なアリストテレス主義者である。彼は、十三の提題を提示することによって、アリストテレス天文学を擁護するが、これらの提題が一つずつフィロテオによって論破されていくにつれて、アリストテレス哲学の問題点を認め、フィロテオの立場に共感を示し始める。アルベルティーノの登場は、アリストテレス主義者も、謙虚に耳を傾けるならば、ブルーノ哲学に転向することができることを示唆している。『聖灰日の晩餐』が描くように、ブルーノが出会った現実のアリストテレス主義者たちは、大学教授といえども、ブルキオのような偏狭で狂信的な輩であったことを考えると、アルベルティーノの登場には、良識あるアリストテレス主義者たちとの和解という、現実には生じなかった淡い期待が反映しているのかもしれない。

著作の概要

本書の概要は以下の通りである。

「序としての書簡」は、イギリスにおけるブルーノの庇護者である駐英フランス大使ミシェル・ドゥ・カステルノーへの献辞から始まる。そして、第一対話から第五対話の内容の要約が続く。この部分は、おそらく最後に書かれたものであり、要約と言っても、現代の学者がするような律儀なものではない。それぞれの対話の内容は、いわば再整理された形で提示されており、抽象度も増している。したがって、この部分は、最後に読むことをお勧めしたい。それとは反対に、五つの対話の要約の後に続く部分では、著作全体を貫くブルーノの思想と意気込みが簡明に力強く語られている。この部分は、最初に読んでほしい。「序としての書簡」の末尾には、自作の詩が三つ付せられている。これらの詩のテーマと表現は部分的に、『英雄的狂気』において再度取り上げられている。『英雄的狂気』における愛の哲学は、プラトンやペトラルカの伝統を継承するだけでなく、本書が明らかにした新しい宇宙論を背景にした、無限のエロス論なのであることが、ここからもわかる。

第一対話は、宇宙が有限か無限かについてのエルピーノとフィロテオの議論から始まる。そして、宇宙は自らの内にあるというアリストテレスの場所論が批判される。そのうえで、有限な宇宙の外部には空虚が無限に広がると考えた場合、それがわれわれの空間において一つの世界を生み出したように、他の空間においても世界を生み出す「適性」を持っていると論じられる。なお、宇宙の無限の空間という考えは、古代哲学においてはエピクロス等によって提唱されており、ブルーノはその議論を積極的に取り入れている。とはいえ、無限の空間の中をアトムが落下し、それらの揺らぎによって世界が生じるという古代のアトミズムとは反対に、ブルーノは、無限の空間の中を星々が生命を持ち、自由に動くと考えている。ブルーノの宇宙論のほうがはるかにダイナミックなのである。

第一対話の後半部においては、無限なる能動的原理(神)から無限の宇宙が生み出されるとする、『原因・原理・一者について』においてすでに論じられたニコラウス・クザーヌスの思想が積極的に取り上げられている。クザーヌスによれば、この宇宙は、神の無限の力の中にあらかじめ含まれていたものが空間的・時間的に展開されたものである。それはあたかも、植物の姿があらかじめ種子の中に含まれており、それが後に広がっていくようなものである。クザーヌスはこのことを「包含」(complicatio)と「展開」(explicatio)という概念によって論じた。ここで大事なことは、種子とは違って、神の無限の力は、宇宙が生み出された後にも、その中に解消されることなく、宇宙とは峻別され、独自の威厳を保ち続けるということである。ブルーノは、クザーヌスの考えを積極的に利用するが、彼の場合、神と宇宙の区別がかなり曖昧になっている。宇宙自体が、限りなく神的なものとなるのである。こうなると、スピノザの汎神論に近づいてくる。実際、ドイツ観念論において、ブルーノはスピノザの先駆者とみなされることになった。ただし、このようなブルーノの汎神論的解釈に対して、バイアーヴァルテスによる重要な反論もある。この点については、訳者も以下の拙論で論じたことがある。「ジョルダーノ・ブルーノとクザーヌス――『原因・原理・一者について』における神と宇宙の関係を巡って――」『クザーヌス研究』第二号、一九九三年、五一―六七頁。

第二対話は、フィロテオの長い弁論から始まる。この弁論は、第一対話の後半部の議論を部分的に要約し、部分的に発展させたものであるが、正直言ってわかりにくい。この長い演説が終わると、「世界」と「宇宙」の違いがストア哲学とエピクロス哲学を引き合いに出して論じられる。その後、アリストテレスにおける「空虚」の理解が偏ったものであることが指摘される。第二対話の中枢は、無限なる宇宙と無数の世界の存在を否定するアリストテレスの見解の論駁に当てられている。そこでは、エルピーノが『天界について』第一巻五―七章の議論を引用・要約し、フィロテオがそれらを逐一論駁していく。そして、この論駁を通じて、無限な宇宙と無数の世界に関するブルーノの考えが明らかになっていく。

第三対話では、考察は、無数の世界へと移る。そして、無限の宇宙の中に無数の太陽（火）と無数の地球（土）が存在し、それらの地球はどれも特定の太陽のまわりを回っているという考えが開陳される。アリストテレスにおいては天圏に固定されていた星々は、ブルーノによってその制約から解放され、生命を持つ「動物」として、無限の宇宙の中を動き、無数の世界を形成する。天の運動は、アリストテレスが考えたように、不動の動者に対する天圏の希求と観想の結果ではなく、無限の宇宙を満たし、無数の星々に宿っている生命の躍動なのである。第三対話の後半は、フィロテオとエルピーノの対話からフラカストリオとブルキオの対話に移る。フラカストリオは、ブルーノの自然観の代弁者として登場し、「土は水によって、水は空気によって、空気は火によって、火は天によって囲まれ、含まれているという、この秩序とこの配置を否定します」と宣言する。アリストテレス的な諸元素のヒエラルキーは、このようにして真っ向から批判される。そして、諸元素は、この地球という小さな世界への束縛から解放され、無限の宇宙に拡散し、そこで絶えず混じり合いながら諸世界を形成することになるのである。このような新しい宇宙論は、アリストテレスの閉ざされた、階層的な宇宙の美を信奉するブルキオにとっては、とうてい容認し難いものであった。アリストテレス天文学に費やされた過去の学者たちの苦労がフラカストリオによって一蹴されるに及んで、ブルキオはついにぶち切れ、罵詈雑言とともに去り、二度と対話に戻ることはない。

第四対話では、第三対話で論じられた無数の世界の存在、数、そして質についてのブルーノの考えに対抗するアリストテレスの議論が吟味される。このことは、第二対話と同様に、『天界について』の該当する箇所をエルピーノが紹介し、それをフィロテオが反駁するという形をとる。

第五対話においては、新たにアルベルティーノが登場する。彼はアリストテレス主義者であり、「数多くの大学で承認され、世界の一流大学で哲学の教授として公に授業をした」経験を持つ。彼が提示する十三の議論の中には、「世界の複数性と多数性に反対するすべての論説が含まれて」いる。これら十三の議論とそれに対するフィロテオの回答が第五対話の大部分を占める。この議論の形式は、第二対話と第四対話の形式と類似するが、大きな違いは、アルベルティーノはここでアリストテレス主義からの十三の議論を一気呵成に述べ、その後フィロテオが、個々の議論に反論するということである。結果として、アルベルティーノの論とフィロテオの反論を一つひとつ対応させることが難しくなっている。翻訳はこのことを考慮して、十三の議論と反論に太字を使って整理している。なお第五の議論は、それに直結する第六の議論とともに、アリストテレスのテキストには見出されない。これらの議論は、後に書かれたブルーノのラテン語著作『三重の最小者』における「数学的な」思弁を先取りしている。ブルーノは、アリストテレスとは無関係の自らの萌芽的な考察を、アリストテレスの諸議論の中にあえて挿入したことになる。

この翻訳は、フランスのベル・レトレ社から刊行された、Giovanni Aquilecchia による以下の校訂版をもとにしている。

Giordano Bruno, *De l'infinito, universo e mondi*, Les Belles Lettres, 2006.

また、訳出にあたっては、同書における Miguel Angel Granada の解説、Jean Seidengart の注、そして Jean-Pierre Cavaillé の仏訳を参考にした。

なお、清水純一氏による本書の邦訳が『無限、宇宙および諸世界について』として岩波文庫から一九八二年に刊行されている。この翻訳は、東信堂からブルーノのイタリア語著作集が刊行されるまでは、我が国におけるブルーノの著作の唯一の翻訳であった。清水氏は、『ジョルダーノ・ブルーノの研究』(創文社、一九七〇)の著者でもあり、我が国におけるブルーノ研究の偉大な先駆者であった。当然のことながら、本書においても、解釈に疑問が生じた場合には、清水氏の訳と相談させていただいた。もっとも、清水氏の訳と拙訳の間には、解釈においてかなりの相違があることも指摘したい。一つの原典について複数の翻訳が存在することは、健全で有意義なことである。

本書では、アリストテレスの『天界について』など、いくつかの著作への言及と引用が散見される。基本的方針として、これらの引用は、既存の翻訳があるときにも、新たに訳すことにした。そもそも、ブルーノが読んだテキストと現在読まれているテキストは、同じものではない。加えて、ブルーノ自身の解釈が引用に加えられている場合もある。また、同じ訳者が訳することで、文体と語彙の統一も可能になる。唯一の例外として、ルクレティウスの『事物の本性について』に関しては、『世界古典文学全集』二一(一九六五年)における藤沢令夫訳を使わせていただいた。

本書をもって、東信堂から刊行されるジョルダーノ・ブルーノのイタリア語著作集全七巻が完成に至ることになった。『原因・原理・一者について』の翻訳が刊行されたのが、一九九八年。それから二十六年の歳月をかけてようやくゴールに辿り着いた。色々な思い出が蘇ってくるが、それらは訳者の心の中に留めておきたい。しかし、全員は無理だが、お世話になった方々の少なくとも幾人かに感謝の言葉を述べることは、最低限の礼節というものである。悲しいかな、その中の何人かはもはや鬼籍に入られている。

外国では、ゼミを通じてブルーノの魅力に目を開かせてくださった、故 Werner Beierwaltes ミュンヘン大学教授、Belles Lettres 社のブルーノ著作集の責任編集者の一人であり、日本におけるブルーノ著作集の完成を励まし続けてくださった故 Nuccio Ordine カラブリア大学教授、日本では、ルネサンスの研究会を立ち上げ、ルネサンス哲学への関心を高めてくださった佐藤三夫千葉大学名誉教授、そしてそこで知り合い、多くの刺激を与えてくださった根占献一学習院女子大学名誉教授、伊藤博明専修大学教授、故伊藤和行京都大学教授、わたしをクザーヌス研究会へと招き、発表の機会を与えてくださった故大出哲室蘭工業大学名誉教授、新プラトン主義の研究会を通じて我が国の優れた研究者との交流の場を与えてくださった岡崎文明金沢大学名誉教授、そして外国での長期の留学から帰国し、定職が見つからなかったわたしを東北大学教育学部の教育史講座の講師として招聘してくださり、恵まれた環境で研究者として出発する機会をお与えくださった故沼田裕之東北大学名誉教授に感謝いたします。また、その他多くの方々にもたいへんお世話になりました。

そして、何よりも、二十六年にわたって、ブルーノ著作集の刊行を支えてくださった、東信堂の下田勝司社長に感謝いたします。

（二〇二四年五月）

■訳者紹介

加藤守通（かとう　もりみち）

東北大学名誉教授
1954年生まれ
1977年 米国イェール大学文学部卒業（西洋古典学）
1986年 西ドイツ（当時）ミュンヘン大学哲学部博士号取得

主要業績

Techne und Philosophie bei Platon（Peter Lang Verlag, 1986）
“Aristoteles über den Ursprung Wissenschaft Erkenntnis”（Phoronesis, vol.32, 1987）
『イタリア・ルネサンスの霊魂論』（共著）（三元社、1955）
『教養の復権』（共著）（東信堂、1996）
ジョルダーノ・ブルーノ著『原因・原理・一者について』（翻訳）（東信堂、1998）
『文化史としての教育思想史』（共編著）（福村出版、2000）
N. オルディネ著『ロバのカバラ―ジョルダーノ・ブルーノにおける文学と哲学』（翻訳）（東信堂、2002）
ジョルダーノ・ブルーノ著『カンデライオ』（翻訳）（東信堂、2003）
ジョルダーノ・ブルーノ著『英雄的狂気』（翻訳）（東信堂、2006）
ジョルダーノ・ブルーノ著『傲れる野獣の追放』（翻訳）（東信堂、2013）
ジョルダーノ・ブルーノ著『聖灰日の晩餐』（翻訳）（東信堂、2022）
ジョルダーノ・ブルーノ著『天馬のカバラ』（翻訳）（東信堂、2023）

Le opere scelte di Giordano Bruno
Vol. 4: De l’infinito, universo e mondi

ジョルダーノ・ブルーノ著作集 4
無限・宇宙・諸世界について

2024年10月31日　初　版第1刷発行　〔検印省略〕
定価はカバーに表示してあります。

訳者Ⓒ加藤守通／発行者 下田勝司　印刷・製本／中央精版印刷

東京都文京区向丘 1-20-6　郵便振替 00110-6-37828
〒113-0023　TEL (03) 3818-5521　FAX (03) 3818-5514
発行所 株式会社 東信堂

Published by TOSHINDO PUBLISHING CO., LTD.
1-20-6, Mukougaoka, Bunkyo-ku, Tokyo, 113-0023, Japan
E-mail : tk203444@fsinet.or.jp　http://www.toshindo-pub.com

ISBN978-4-7989-1927-0 C3310

東信堂

完全性概念の基底—ヨーロッパの教育概念史	田中智志	五八〇〇円
人格形成概念の誕生—近代アメリカの教育概念史	田中智志	三六〇〇円
社会性概念の構築—アメリカ進歩主義教育の概念史	田中智志	三八〇〇円
教育哲学のデューイ—連環する二つの経験	田中智志編著	三五〇〇円
学びを支える活動へ—存在論の深みから	田中智志編著	二〇〇〇円
グローバルな学びへ—協同と刷新の教育	田中智志編著	二〇〇〇円
大正新教育の思想—生命の躍動	橋本美保・田中智志編著	四八〇〇円
大正新教育の受容史	橋本美保編著	三七〇〇円
大正新教育の実践—交響する自由へ	橋本美保・田中智志編著	四二〇〇円
温暖化に挑む海洋教育—呼応的かつ活動的に	田中智志編著	三二〇〇円
「持続可能性」の言説分析—知識社会学の視点を中心として	山田肖子編著	一八〇〇円
地域子ども学をつくる—災害、持続可能性、北欧の視点	責任編集 天童睦子・足立智昭	一八〇〇円
応答する〈生〉のために—〈力の開発〉から〈生きる歓び〉へ	高橋勝	一八〇〇円
子どもが生きられる空間—生・経験・意味生成	高橋勝	二四〇〇円
流動する生の自己生成—教育人間学の視界	高橋勝	二四〇〇円
子ども・若者の自己形成空間—教育人間学の視線から	高橋勝編著	二七〇〇円
いま、教育と教育学を問い直す—教育哲学は何を究明し、何を展望するか	森田尚人・松浦良充編著	三二〇〇円
教員養成を哲学する—教育哲学に何ができるか	林泰成・山名淳・下司晶・古屋恵太編著	四二〇〇円

越境ブックレットシリーズ

⓪教育の理念を象る—教育の知識論序説	田中智志	一二〇〇円
①知識論—情報クラウド時代の"知る"という営み	山田肖子	一〇〇〇円
②女性のエンパワメントと教育の未来—知識をジェンダーで問い直す	天童睦子	一〇〇〇円
③他人事≒自分事—教育と社会の根本課題を読み解く	菊地栄治	一〇〇〇円
④食と農の知識論—種子から食卓を繋ぐ環世界をめぐって	西川芳昭	一〇〇〇円

※定価：表示価格（本体）＋税

〒113-0023　東京都文京区向丘 1-20-6　TEL 03-3818-5521　FAX03-3818-5514
Email tk203444@fsinet.or.jp　URL:http://www.toshindo-pub.com/

東信堂

書名	著者	定価
米中対立と国際秩序の行方—交叉する世界と地域	五十嵐隆幸・大澤傑 編著	二七〇〇円
蔑まれし者たちの時代—現代国際関係の病理	ベルトランド・バディ著　福富満久 訳	二四〇〇円
サステナビリティ変革への加速	国際基督教大学社会科学研究所・上智大学グローバル・コンサーン研究所 編	二七〇〇円
緊迫化する台湾海峡情勢—台湾の動向二〇一九～二〇二一年	門間理良	三六〇〇円
ウクライナ戦争の教訓と日本の安全保障	神余隆博・松村五郎 著	一八〇〇円
「ソ連社会主義」からロシア資本主義へ—ロシア社会と経済の100年	岡田進	三六〇〇円
パンデミック対応の国際比較	川上高司・石井貫太郎 編著	二〇〇〇円
リーダーシップの政治学	石井貫太郎	一六〇〇円
2008年アメリカ大統領選挙—オバマの当選は何を意味するのか	吉野孝・前嶋和弘 編著	二〇〇〇円
オバマ政権はアメリカをどのように変えたのか—支持連合・政策成果・中間選挙	吉野孝・前嶋和弘 編著	二六〇〇円
オバマ政権と過渡期のアメリカ社会—選挙、政党、制度、メディア、対外援助	吉野孝・前嶋和弘 編著	二四〇〇円
オバマ後のアメリカ政治—二〇一二年大統領選挙と分断された政治の行方	吉野孝・前嶋和弘 編著	二五〇〇円
危機のアメリカ「選挙デモクラシー」—社会経済変化からトランプ現象へ	吉野孝・前嶋和弘 編著	二七〇〇円
ホワイトハウスの広報戦略—大統領のメッセージを国民に伝えるために	M・J・クマー著　吉牟田剛 訳	二八〇〇円
「帝国」の国際政治学—冷戦後の国際システムとアメリカ	山本吉宣	四七〇〇円
国際関係入門—共生の観点から	黒澤満 編	一八〇〇円
国際共生とは何か—平和で公正な社会へ	黒澤満 編	二〇〇〇円
国際共生と広義の安全保障	黒澤満 編	二〇〇〇円
現代アメリカのガン・ポリティクス	鵜浦裕	二〇〇〇円
暴走するアメリカ大学スポーツの経済学	宮田由紀夫	二六〇〇円
グローバル化と地域金融	内田真人・福光寛 編著	三二〇〇円

※定価：表示価格（本体）＋税

〒113-0023　東京都文京区向丘 1-20-6　TEL 03-3818-5521　FAX03-3818-5514
Email tk203444@fsinet.or.jp　URL:http://www.toshindo-pub.com/

東信堂

- 住民投票運動とローカルレジーム〔増補第2版〕—新潟県巻町と根源的民主主義の細道、1994-2004　中澤秀雄　五八〇〇円
- 自治と参加の理論—住民投票制度と辺野古争訟を中心として　武田真一郎　四六〇〇円
- 異説・行政法—後衛の山から主峰を望む　武田真一郎　三二〇〇円
- 吉野川住民投票—市民参加のレシピ　武田真一郎　一八〇〇円
- 生協共済の未来へのチャレンジ　公益財団法人 生協総合研究所 生協共済研究会　二三〇〇円
- 二〇五〇年 新しい地域社会を創る—「集いの館」構想と生協の役割　生協総合研究所編　一五〇〇円
- 歴史認識と民主主義深化の社会学　庄司興吉編著　四二〇〇円
- 主権者の社会認識—自分自身と向き合う　庄司興吉　二六〇〇円
- 主権者の協同社会へ—新時代の大学教育と大学生協　庄司興吉　二四〇〇円
- 地球市民学を創る—地球社会の危機と変革のなかで　庄司興吉編著　三二〇〇円
- 社会学の射程—ポストコロニアルな地球市民の社会学へ　庄司興吉　三二〇〇円
- 社会的自我論の現代的展開　船津衛　二四〇〇円
- 階級・ジェンダー・再生産—現代資本主義社会の存続メカニズム　橋本健二　三二〇〇円
- 現代日本の階級構造—理論・方法・計量分析　橋本健二　四五〇〇円
- 自立支援の実践知—阪神・淡路大震災と共同・市民社会　似田貝香門編　三八〇〇円
- 〔改訂版〕ボランティア活動の論理—ボランタリズムとサブシステンス　西山志保　三六〇〇円
- 自立と支援の社会学—阪神大震災とボランティア　佐藤恵　三二〇〇円
- NPO実践マネジメント入門〔第3版〕　パブリックリソース財団編　二八〇〇円
- 個人化する社会と行政の変容—情報、コミュニケーションによるガバナンスの展開　藤谷忠昭　三八〇〇円
- コミュニティワークの教育的実践　高橋満　二〇〇〇円
- NPOの公共性と生涯学習のガバナンス　高橋満　二八〇〇円

※定価：表示価格（本体）＋税

〒113-0023　東京都文京区向丘1-20-6　TEL 03-3818-5521　FAX03-3818-5514
Email tk203444@fsinet.or.jp　URL:http://www.toshindo-pub.com/